《蘇州全書》編纂出版委員會 編

·名蹟録
·金薤琳琅

# 蘇州全書

甲編

古吳軒出版社
蘇州大學出版社

**圖書在版編目（CIP）數據**

名蹟録 / (明) 朱珪纂輯 . 金薤琳琅 / (明) 都穆編 .
蘇州 : 古吳軒出版社 : 蘇州大學出版社 , 2025. 6.
( 蘇州全書 ). -- ISBN 978-7-5546-2637-5

Ⅰ. K877.42

中國國家版本館 CIP 數據核字第 2025Z26U33 號

**責任編輯** 魯林林
**助理編輯** 周　磊
**裝幀設計** 周　晨　李　璇
**責任校對** 王霽鈺

**書　　名** 名蹟録　金薤琳琅
**纂　　輯** 〔明〕朱珪
**編　　者** 〔明〕都穆
**出版發行** 古吳軒出版社
地址：蘇州市八達街118號蘇州新聞大廈30F　電話：0512-65233679
蘇州大學出版社
地址：蘇州市十梓街1號　電話：0512-67480030
**印　　刷** 常州市金壇古籍印刷廠有限公司
**開　　本** 889 × 1194　1/16
**印　　張** 42.25
**版　　次** 2025 年 6 月第 1 版
**印　　次** 2025 年 6 月第 1 次印刷
**書　　號** ISBN 978-7-5546-2637-5
**定　　價** 280.00 元

# 《蘇州全書》編纂工程

## 總主編

劉小濤　吳慶文

## 學術顧問

（按姓氏筆畫爲序）

王　芳　王　宏　王　堯　王　鍔　王紅蕾　王華寶　王爲松　王衛平
王餘光　王鍾陵　朱棟霖　朱誠如　任　平　全　勤　江慶柏　江澄波
汝　信　阮儀三　杜澤遜　李　捷　吳　格　吳永發　何建明　言恭達
沈坤榮　沈燮元　武秀成　范小青　范金民　茅家琦　周　秦　周少川
周國林　周勛初　周新國　胡可先　胡曉明　姜　濤　姜小青　韋　力
姚伯岳　馬亞中　袁行霈　華人德　莫礪鋒　徐　俊　徐　海　徐　雁
徐惠泉　徐興無　唐力行　陸振嶽　陸儉明　陳子善　陳正宏　陳尚君
陳紅彥　陳廣宏　黃愛平　黃顯功　崔之清　張乃格　張志清　張伯偉
張海鵬　葉繼元　葛劍雄　單霽翔　程章燦　程毅中　喬治忠　鄔書林
賀雲翱　詹福瑞　趙生群　廖可斌　熊月之　樊和平　劉　石　劉躍進
閻曉宏　錢小萍　戴　逸　韓天衡　嚴佐之　顧　薌

# 《蘇州全書》編纂出版委員會

**主　任**　金　潔　季　晶

**副主任**　韋國嶺　吴晨潮　王國平　羅時進

**編　委**（按姓氏筆畫爲序）

丁成明　王　寧　王忠良　王偉林　王稼句　王樂飛　尤建豊　卞浩宇
田芝健　朱　江　朱光磊　朱從兵　李　忠　李　軍　李　紅　李　峰
吴建華　吴恩培　余同元　沈　鳴　沈慧瑛　周　曉　周生杰　查　焱
洪　曄　袁小良　卿朝暉　高　峰　凌郁之　陳　潔　陳大亮　陳其弟
陳衛兵　陳興昌　孫　寬　孫中旺　黄啓兵　黄鴻山　接　曄　曹　煒
曹培根　張蓓蓓　程水龍　傅　强　湯哲聲　楊　斌　蔡曉榮　臧知非
管傲新　歐陽八四　錢萬里　戴　丹　謝曉婷　鐵愛花

# 前言

中華文明源遠流長，文獻典籍浩如烟海。這些世代累積傳承的文獻典籍，是中華民族生生不息的文脉和根基。蘇州作爲首批國家歷史文化名城，素有『人間天堂』之美譽。自古以來，這裏的人民憑藉勤勞和才智，創造了極爲豐厚的物質財富和精神文化財富，使蘇州不僅成爲令人嚮往的『魚米之鄉』，更是實至名歸的『文獻之邦』，爲中華文明的傳承和發展作出了重要貢獻。

蘇州被稱爲『文獻之邦』由來已久，早在南宋時期，就有『吴門文獻之邦』的記載。宋代朱熹云：『文，典籍也；獻，賢也。』蘇州文獻之邦的地位，是歷代先賢積學修養、劬勤著述的結果。明人歸有光《送王汝康會試序》云：『吴爲人材淵藪，文字之盛，甲於天下。』朱希周《長洲縣重修儒學記》亦云：『吴中素稱文獻之邦，蓋子游之遺風在焉，士之嚮學，固其所也。』《江蘇藝文志・蘇州卷》收録自先秦至民國蘇州作者一萬餘人，著述達三萬二千餘種，均占江蘇全省三分之一强。古往今來，蘇州曾引來無數文人墨客駐足流連，留下了大量與蘇州相關的文獻。時至今日，蘇州仍有約百萬册的古籍留存，入選『國家珍貴古籍名録』的善本已達三百一十九種，位居全國同類城市前列。其中的蘇州鄉邦文獻，歷宋元明清，涵經史子集，寫本刻本，交相輝映。此外，散見於海内外公私藏家的蘇州文獻更是不可勝數。它們載録了數千年傳統文化的精華，也見證了蘇州曾經作爲中國文化中心城市的輝煌。

蘇州文獻之盛得益於崇文重教的社會風尚。春秋時代，常熟人言偃就北上問學，成爲孔子唯一的南方弟子。歸來之後，言偃講學授道，文開吴會，道啓東南，被後人尊爲『南方夫子』。西漢時期，蘇州人朱買臣負薪讀書，穹窿山中至今留有其『讀書臺』遺迹。兩晉六朝，以『顧陸朱張』爲代表的吴郡四姓涌現出大批文士，在不少學科領域都貢獻卓著。及至隋唐，蘇州大儒輩出，《隋書·儒林傳》十四人入傳，其中籍貫吴郡者二人；《舊唐書·儒學傳》三十四人入正傳，其中籍貫吴郡（蘇州）者五人。文風之盛可見一斑。北宋時期，范仲淹在家鄉蘇州首創州學，並延名師胡瑗等人教授生徒，此後縣學、書院、社學、義學等不斷興建，蘇州文化教育日益發展。故明人徐有貞云：『論者謂吾蘇也，郡甲天下之郡，學甲天下之學，人才甲天下之人才，偉哉！』在科舉考試方面，蘇州以鼎甲萃集爲世人矚目，清初汪琬曾自豪地將狀元稱爲蘇州的土産之一，有清一代蘇州狀元多達二十六位，占全國的近四分之一，由此而被譽爲『狀元之鄉』。近現代以來，蘇州在全國較早開辦新學，發展現代教育，涌現出顧頡剛、葉聖陶、費孝通等一批大師巨匠。中華人民共和國成立後，社會主義文化教育事業蓬勃發展，蘇州英才輩出、人文昌盛，文獻著述之富更勝於前。

蘇州文獻之盛受益於藏書文化的發達。蘇州藏書之風舉世聞名，千百年來盛行不衰，具有傳承歷史長、收藏品質高、學術貢獻大的特點，無論是卷帙浩繁的圖書還是各具特色的藏書樓，以及延綿不絶的藏書傳統，都成爲中華文化重要的組成部分。據統計，蘇州歷代藏書家的總數，高居全國城市之首。南朝時期，蘇州就出現了藏書家陸澄，藏書多達萬餘卷。明清兩代，蘇州藏書鼎盛，絳雲樓、汲古閣、傳是樓、百宋一廛、藝芸書舍、鐵琴銅劍樓、過雲樓等藏書樓譽滿海内外，彙聚了大量的珍貴文獻，對古代典籍的收藏保護厥功至偉，亦於文獻校勘、整理裨益甚巨。《舊唐書》自宋至明四百多年間已難以考覓，直至明嘉靖十七年（一五三八），聞人詮在蘇州爲官，搜討舊籍，方從吴縣王延喆家得《舊唐書》『紀』和『志』部分，從長洲張汴家得《舊唐書》『列傳』部分，『遺籍俱出宋時模板，旬月之間，二美璧合』，于是在蘇州府學中椠刊，《舊唐書》自此得以彙而成帙，復行於世。清代嘉道年間，蘇州黄丕烈和顧廣圻均爲當時藏書名家，且善校書，『黄跋顧校』在中國文獻史上影響深遠。

蘇州文獻之盛也獲益於刻書業的繁榮。蘇州是我國刻書業的發祥地之一，早在宋代，蘇州的刻書業已經發展到了相當高的水平，至今流傳的杜甫、李白、韋應物等文學大家的詩文集均以宋代蘇州官刻本爲祖本。宋元之際，蘇州磧砂延聖院還主持刊刻了中國佛教史上著名的《磧砂藏》。明清時期，蘇州成爲全國的刻書中心，所刻典籍以精善享譽四海，明人胡應麟有言：『凡刻之地有三，吴也、越也、閩也。』他認爲『其精，吴爲最』，『其直重，吴爲最』。又云：『余所見當今刻本，蘇常爲上，金陵次之，杭又次之。』清人金埴論及刻書，仍以胡氏所言三地爲主，則謂『吴門爲上，西泠次之，白門爲下』。明代私家刻書最多的汲古閣、清代坊間刻書最多的掃葉山房均爲蘇州人創辦，晚清時期頗有影響的江蘇官書局也設於蘇州。據清人朱彝尊記述，汲古閣主人毛晉『力搜秘册，經史而外，百家九流，下至傳奇小説，廣爲鏤版，由是毛氏鋟本走天下』。由於書坊衆多，蘇州還産生了書坊業的行會組織崇德公所。明清時期，蘇州刻書數量龐大，品質最優，裝幀最爲精良，爲世所公認，國内其他地區不少刊本也都冠以『姑蘇原本』，其傳播遠及海外。

蘇州傳世文獻既積澱着深厚的歷史文化底蘊，又具有穿越時空的永恒魅力。從范仲淹的『先天下之憂而憂，後天下之樂而樂』，到顧炎武的『天下興亡，匹夫有責』，這種胸懷天下的家國情懷，早已成爲中華民族精神的重要組成部分，傳世留芳，激勵後人。南朝顧野王的《玉篇》，隋唐陸德明的《經典釋文》、陸淳的《春秋集傳纂例》等均以實證明辨著稱，對後世影響深遠。明清時期，馮夢龍的《喻世明言》《警世通言》《醒世恒言》，在中國文學史上掀起市民文學的熱潮，具有開創之功。吴有性的《温疫論》、葉桂的《温熱論》，開温病學研究之先河。蘇州文獻中藴含的求真求實的嚴謹學風、勇開風氣之先的創新精神，已經成爲一種文化基因，融入了蘇州城市的血脉。不少蘇州文獻仍具有鮮明的現實意義。明代費信的《星槎勝覽》，是記載歷史上中國和海上絲綢之路相關國家交往的重要文獻。鄭若曾的《籌海圖編》和徐葆光的《中山傳信録》，爲釣魚島及其附屬島嶼屬於中國固有領土提供了有力證據。魏良輔的《南詞引正》、嚴澂的《松絃館琴譜》、計成的《園冶》，分别是崑曲、古琴及園林營造的標志性成果，這些藝術形式如今得以名列世界文化遺産，與上述名著的嘉惠滋養密不可分。

維桑與梓，必恭敬止；文獻流傳，後生之責。蘇州先賢向有重視鄉邦文獻整理保護的傳統。方志編修方面，范成大《吴郡志》爲方志創體，其後名志迭出，蘇州府縣志、鄉鎮志、山水志、寺觀志、人物志等數量龐大，構成相對完備的志書系統。地方總集方面，南宋鄭虎臣輯《吴都文粹》、明錢穀輯《吴都文粹續集》、清顧沅輯《吴郡文編》先後相繼，收羅宏富，皇皇可觀。常熟、太倉、崑山、吴江諸邑，周莊、支塘、木瀆、甪直、沙溪、平望、盛澤等鎮，均有地方總集之編。及至近現代，丁祖蔭彙輯《虞山叢刻》《虞陽説苑》，柳亞子等組織『吴江文獻保存會』，爲搜集鄉邦文獻不遺餘力。江蘇省立蘇州圖書館於一九三七年二月舉行的『吴中文獻展覽會』規模空前，展品達四千多件，並彙編出版吴中文獻叢書。然而，由於時代滄桑，圖書保藏不易，蘇州鄉邦文獻中『有目無書』者不在少數。同時，囿於多重因素，蘇州尚未開展過整體性、系統性的文獻整理編纂工作，許多文獻典籍仍處於塵封或散落狀態，没有得到應有的保護與利用，不免令人引以爲憾。

進入新時代，黨和國家大力推動中華優秀傳統文化的創造性轉化和創新性發展。習近平總書記强調，要讓收藏在博物館裏的文物、陳列在廣闊大地上的遺産、書寫在古籍裏的文字都活起來。二〇二二年四月，中共中央辦公廳、國務院辦公廳印發《關於推進新時代古籍工作的意見》，確定了新時代古籍工作的目標方向和主要任務，其中明確要求『加强傳世文獻系統性整理出版』。盛世修典，賡續文脉，蘇州文獻典籍整理編纂正逢其時。二〇二二年七月，中共蘇州市委、蘇州市人民政府作出編纂《蘇州全書》的重大決策，擬通過持續不斷努力，全面系統整理蘇州傳世典籍，着力開拓研究江南歷史文化，編纂出版大型文獻叢書，同步建設全文數據庫及共享平臺，將其打造爲彰顯蘇州優秀傳統文化精神的新陣地，傳承蘇州文明的新標識，展示蘇州形象的新窗口。

『睹喬木而思故家，考文獻而愛舊邦。』編纂出版《蘇州全書》，是蘇州前所未有的大規模文獻整理工程，是不負先賢、澤惠後世的文化盛事。希望藉此系統保存蘇州歷史記憶，讓散落在海内外的蘇州文獻得到挖掘利用，讓珍稀典籍化身千百，成爲認識和瞭解蘇州發展變遷的津梁，並使其中藴含的積極精神得到傳承弘揚。

觀照歷史，明鑒未來。我們沿着來自歷史的川流，承荷各方的期待，自應負起使命，砥礪前行，至誠奉獻，讓文化薪火代代相傳，並在守正創新中發揚光大，爲推進文化自信自强、豐富中國式現代化文化内涵貢獻蘇州力量。

《蘇州全書》編纂出版委員會

二〇二二年十二月

# 凡例

一、《蘇州全書》（以下簡稱『全書』）旨在全面系統收集整理和保護利用蘇州地方文獻典籍，傳播弘揚蘇州歷史文化，推動中華優秀傳統文化傳承發展。

二、全書收録文獻地域範圍依據蘇州市現有行政區劃，包含蘇州市各區及張家港市、常熟市、太倉市、崑山市。

三、全書着重收録歷代蘇州籍作者的代表性著述，同時適當收録流寓蘇州的人物著述，以及其他以蘇州爲研究對象的專門著述。

四、全書按收録文獻内容分甲、乙、丙三編。每編酌分細類，按類編排。

（一）甲編收録一九一一年及以前的著述。一九一二年至一九四九年間具有傳統裝幀形式的文獻，亦收入此編。按經、史、子、集四部分類編排。

（二）乙編收録一九一二年至二〇二一年間的著述。按哲學社會科學、自然科學、綜合三類編排。

（三）丙編收録就蘇州特定選題而研究編著的原創書籍。按專題研究、文獻輯編、書目整理三類編排。

五、全書出版形式分影印、排印兩種。甲編書籍全部采用繁體豎排；乙編影印類書籍，字體版式與原書一致；乙編排印類書籍和丙編書籍，均采用簡體横排。

六、全書影印文獻每種均撰寫提要或出版説明一篇，介紹作者生平、文獻内容、版本源流、文獻價值等情況。影印底本原有批校、題跋、印鑒等，均予保留。底本有漫漶不清或缺頁者，酌情予以配補。

七、全書所收文獻根據篇幅編排分册，篇幅適中者單獨成册，篇幅較大者分爲序號相連的若干册，篇幅較小者按類型相近原則數種合編一册。數種文獻合編一册以及一種文獻分成若干册的，頁碼均連排。各册按所在各編下屬細類及全書編目順序編排序號。

據中國國家圖書館藏清鈔本影印。

# 名蹟録

〔明〕朱珪 纂輯

# 提要

《名蹟録》六卷，明朱珪纂輯。

朱珪（約一三一六—一三七七），字伯盛，號静寄居士。元末明初崑山人。精於書法篆刻，曾從吳睿受書法，又習宋王順伯及元趙孟頫、吾衍諸家篆刻，爲時所稱，張雨、楊維楨、倪瓚、顧瑛等名士均有詩相贈。楊維楨爲撰《方寸鐵志》，附於《名蹟録》之後，其影響可見。另有《印文集考》，今已不傳。

朱珪精於篆刻，長期活動於江南地區，因而多負刻石之役，如書前洪武九年（一三七六）秦約之序所言：『伯盛精極篆隸真草書法之妙，尤善摹刻。凡朝廷制誥詞命，與夫公卿大夫、遺民逸士、道宫僧寺、碑誌墓碣之類，及山水題名、尺牘往復，亦所不遺。』可見朱珪所刊石刻，既有官方所建豐碑大碣，也有尋常墓志，更有名勝之地題名等。至於『尺牘往復』，則可能爲據信札摹刻上石。因其主要活動於崑山地區，故所刻碑版亦多與崑山有關。

《名蹟録》一書，即朱珪彙集所爲銘刻之録文而成。書中所載石刻，今幾無存世，頗具史料價值，如《元故希古道人朱公壙志》《元故雲濤處士濮陽吳君壙志》等文，僅見於此書，對考察元人事迹不無裨益。所録元人詩文，對於元人别集之輯佚、校勘，亦足資考證。《四庫全書總目》即舉其中所載郭翼墓志，以證其卒於至正二十四年（一三六四），未嘗仕明。

《名蹟録》久以鈔本形式流傳，清乾隆中被收入《四庫全書》。《藏園訂補郘亭知見傳本書目》謂有明刊本，今未見。是書今存鈔本十餘種，如北京師範大學圖書館藏清初鈔本、北京師範大學圖書館藏《藝芳閣藝海奇鈔》本、原善本甲庫藏法式善舊藏鈔本等。

本次影印以中國國家圖書館藏清鈔本爲底本，原書高二十三·五厘米，廣十四·二厘米。此本前有《四庫提要》，當出於《四庫全書》鈔本一系，《藝風藏書記》著録爲『精鈔本』，其中朱筆校字出於繆荃孫之手。

# 名蹟錄
## 提要

謹案名蹟錄六卷附錄一卷明朱珪編珪字伯盛崑山人舊本或題曰元人觀其首列洪武二年崑山城隍神誥升於元代璽書之上即徐堅作初學記以唐太宗詩冠前代諸詩之例其為明人確矣稱元人者誤也珪善篆籀工於刻印楊維楨為作方寸鐵志鄭元祐李孝光張翥陸友仁謝應芳倪瓚張雨顧阿瑛諸人亦多作詩歌贈之又工於摹勒石刻因裒其生平所鐫編為此集題曰名蹟者其序謂取穆天子傳為名蹟於弇兹石上之義然穆天子傳稱乃為銘迹於元圃之上其字作銘不作名且非弇兹又稱乃記其迹於弇山之石亦無名

字不知所據何本也漢代諸碑多不著撰人書人刻工尤工不顯名氏自魏受禪碑邯鄲湻撰文梁鵠書鍾繇刻字是為士大夫自鐫之始歐陽脩趙明誠等輯錄金石僅標題跋尾而自洪适隸續備列碑文是為全錄刻詞之始若是刻其字而自輯其文為一書則古無此例自珪是編始也首誥一篇御製祭文五篇璽書七篇蓋尊帝王之著作不敢與臣庶相雜雖篇頁無多而自為一卷用元好問中州集冠以御製兩頁自為一卷例也次碑十四篇記二十九篇墓表一篇墓碣五篇行狀一篇壙志二十三篇墓志銘二十四篇雜刻字畫二十六種末為附錄一卷則皆一時贈言也原目注缺者凡石室銘三佳銘靈槎詩歌敬仲題桃花鳥詩四篇今有錄

無書者又御製祭文五篇璽書七篇碑八篇記十四篇碣一篇行狀一篇壙志十四篇墓誌銘二篇雜刻六種其元故處士易府君壙志一篇在故宜人李氏壙志前而目錄列青村場典史沈公壙志後又金粟道人顧君墓誌銘後有故王子厚墓志銘一篇而目不載蓋傳寫訛脱非其舊本矣魏張晏注史記儒林傳據伏生碑知其名勝晉灼注漢書地理志據山上碑知黎陽在黎山之陰其曰陽者兼取河水在其陽之義唐司馬貞注史記高祖本紀據班固泗上亭長碑知母媪當為母温宋方崧卿作韓文舉正亦皆以石本為據而歐陽趙洪諸家以碑證史傳舛誤者尤不一而足是編所錄皆珪手鐫固愈於年祀綿邈搜求于磨滅之餘者如元末郭翼

諸載其洪武中出為學官非得是書載盧熊所作翼墓
誌不知其卒於至正二十四年未嘗改節士明也足見
其有資攷矣

名蹟錄序

名蹟錄者崑山朱伯盛之所纂輯也伯盛精極篆隸真草書法之妙尤善摹刻凡朝廷制誥詞命與夫公卿大夫遺民逸士道宫僧寺碑誌墓碣之類及山水題名尺牘往復亦所不遺歲月滋久蓋取穆天子積以成帙蓋欲傳悠久示將來題曰名蹟錄者蓋取穆天子傳中乃爲名蹟於弇兹石上之語碑刻濫觴不亦自此始乎竊玫周秦漢魏晉唐銘彝鼎載旂常昭述君臣盛德大業焯焯不泯者咸類於此由今而視非但可以供臨池之好而所以補史氏之缺者或有取馬伯盛嗜古好脩志不徇俗學士大夫靡不爲之交納所刻之文皆絶妙好詞而制作諸公多予所友善者撫今覽昔不能不興感馬且古作字多自摹刻若唐之李邕雖人爲顯官而所刻碑則託名黄鶴仙伏靈芝是矣傳刻至今其可以易而企

及哉雖然以李邕一代人品之高尚猶澹好若是况其他乎予雖
不能書每見伯盛摹刻輙復賞嘆其視俗工則風斯下矣荀卿有
云藝之精者不兩能况其能書能刻而動法古人後之續金石録
者安知不有取於兹乎伯盛名珪自號静寄居士洪武九年丙辰
歲正月二十日樵海老叟秦約文仲父書

# 名蹟錄卷一

明朱珪撰

誥命
崑山縣城隍之神誥
奉天承運皇帝制曰帝王受天明命行政教於天下必有生聖之瑞受命之符此天示不言之妙而人見聞所及者也神司淑慝為天降祥亦必受天之命所謂明有禮樂幽有鬼神天理人心其致一也朕君四方雖明智弗類代天理物之道實罄於忠恩應天命此神所鑒而簡在帝心者君道之大惟典神天有其舉之承事惟謹崑山縣城隍聰明正直聖不可知固有超於高城深池之表者世之尊崇於神者則然神受於天者蓋不可量也茲以臨御之初與天下更始凡城隍之神皆新其命睠茲縣邑靈祇所司宜封言

鑒察司民城隍顯佑伯顯則威靈丕著祐則福澤普施此固神之
德而亦天之命也司於我民鑒於邑政享茲典祀悠久無疆者主
者施行洪武二年正月日
崑山縣城隍神廟在縣治西南三十步甲辰歲仍故址復作之
今上御麻之初歲次戊申冬十有二月詔有司祀山川以城隍
神配且錫神爵府以公州以侯縣以伯冕服之章咸有其度示
更始也明年春三月己亥蘇州府照磨張濬奉敕書到縣知縣
臣公瑾洎僚屬郊迎惟謹焚黄祭告以拜寵命是夏六月不雨
公瑾請於祠下與神約盡三日雨降及期而雨一縣霑足父老
咸謂神之靈爽素著至是益信茲擇乃吉日用刻制詞洪惟朝
廷嘉惠於神馨香所格寔自今始神其相我民社無窮垂於久遠
哉臣公瑾拜手謹書奉訓大夫崑山縣知縣臣王公瑾承事郎

蘇州府崑山縣丞董仲宣承事郎蘇州府崑山縣丞臣張顯將
仕郎蘇州府崑山縣主簿臣馬克成將仕郎蘇州府崑山縣主
簿臣趙惟善蘇州府崑山縣典史臣苗利貞洪武二年八月日
建

碑銘

資政大夫江浙等處行中書省右丞岳寔珠公政績碑

歷代無海漕海漕自國朝始歲漕東南之粟三百餘萬石出崑山海行走直沽而達京師事重以大置漕府長佐賓屬凡若干人俾專厥職必簡拔長材通海事者又慮其曠官弛事皇帝歲遣江浙行省重地臣使紀綱焉至正四年右丞岳寔珠公寔奉上命恪虔勿怠公方嚴亮直不事表襮嗜好寡薄儉以愛人至官廨見供帳庖膳甚備郎令去之曰吾任國家重務朝夕祇畏慮有弗稱敢以

私奉重傷民財吏士視効罔有需徵漕户力莫能葺漕具及官與值則窘期日多簡陋就事公即先數月與值且令府長長循為故事祀事天妃擇日齋祓宿於廟下躬視祭器牛馬充腯百禮偹好牲酒既陳正冠以入進退興俯誠敬殫盡文武上下不譁不傲神嗜飲食告以利行萬艘畢發鼓鐃喧闐棹工踴躍吟咏滿海相風之旗端正北向百示効職海水晏伏長鱷大鰌不見踪跡則公愛人事神之誠感召至和不誣矣是宜刻之貞石用昭休績乃系之以詩曰王畿輸粟東南疆造舟道海行汪洋祥飈應候不可爽漕官飲食勿暇遑小大執事材盡長我公隸之孰不農給供百物循故常公獨不使民力傷父老歌咏於道旁永永恩德矢弗忘我公齋潔祀孔明陳牲以肥酒芬香靈保歡喜神具饗寶玟告我日月良漕發之旦陰以暘海之百怪俱遁藏神來翼我靈火光大星弈弈

流中檣開張風颿如鳥翔萬里之海三日杭民惟足食又且康禮
樂可作王度彰公歸執樞均萬方海陬千載遺歌章鄭東撰吳睿
書

奉議大夫崑山州知州王公去思碑

昔聖王之有天下也百官庶職悉用仁賢布列中外一有淫惡即
屏除廢置以遠人害故當是時至治之澤流浹海内無匹夫匹婦
之不獲者矣然古之為治也易今之為治也難封建未罷上下相
安故得以督民情而通風俗是以能相安也後世分郡縣置守令
一旦以楚人而臨之越人之上民情莫能督風俗莫能通且長與佐
賢不肖共處吾將為善彼或詛焉彼將為不善吾莫能禦焉苟非
其人之才且賢而文能過人者未見能善其治者也吳之崑山其地
並東南之海土沃而民衆賦重而事繁號為難治至治三年東平

王公世傑寔長是州公廉亮簡直惠以愛人始至亟視學宮社稷曰民無教則淫民無食則死學社教與食民之本也不可緩也乃作講堂以居講習更新壇壝以嚴祀事初民多入賈衒射利公諭力本闢田凡若干頃吏並緣為奸里正役常至不均民情困敝公即更之人無怨言法以四時役民為坊正管庫民且當次吏搖民壞次以取賂歲凡數四民不得寧多流出境公嘆曰民病有若是也乃屬其富民貧使自寔民不忍欺因得品次若干戶釐為三等亦以不易民喜而相慶曰我等可相保矣民因書其事於大帛群歌市過之且持酒肴詣拜公為壽公親起與民為主飲民酒一杯盡民同聲曰願公百歲民之流徙而來歸者相接於道旁崇明為州遠在海上去崑山且數百里其民間之願為崑山氓者凡若干餘戶甲與乙爭利乙手臂提甲甲以矢中乙繫獄二年公處乃其

情出之漕船入海遇賊賊驅漕夫四人過船以刃劫之使與同事
後連捕繫獄公以脅從亦悉出之公以愚民詿誤牽連至行省州
父兄子弟慮公因沮抑棄之至累數百人詣省門見丞相泣言曰
我公無罪願大人神明無以毫髮加我公由是感動即諭遣公還
未幾公以母夫人卒去去之日民涕泣遮道馬不能前嗚呼若公
之才且賢可謂能過人者矣其施諸民者厚而民報之亦至是烏
可以偽為哉彼或失其道而曰民之無良是亦不明之甚者也使
觀於此亦可以少媿矣銘曰皇仁如天以莫不覆亦無不載如地
之厚顧瞻九州九州茫茫惟億惟兆不遐有傷孰協於治曰維守
城敷以仁義洽于齊民民曰父母止生我躬不有良牧孰御我窮
昔公來止重食敬教凡百有作去惡從好我役孔艱集于予奪如
病頭垢卒用櫛沐燿於辟俛俟刃斧維公淑問縱之圜土聞之來

歸如彼流泉連檣濟海於我受廛民愚召咎匪公之懲控於方伯斯悟公賢帝方思治君子是使克燕我人惠于天子我聞公歸請公勿亟匪公則歸作輔　元室崑陽鄭東謨崑山顧信書濮陽吴睿篆

海道都漕運萬户府達嚕噶齊託音公政績碑

天下之事久而趨于敝者勢也任其事而不知其敝非智也知其敝而莫之能易非勇也今夫主公義而不恤小故持已斷而不貳惑衆見非其人甚智且勇其才有遠過人者不能與也昔我世祖皇帝既定南服將轉其土所出之米内充京師上下有司百官六軍之食道里遠阻可不河漕陸挽也時則有朱張氏能用智慮直入海水尋其漕道由崑山出大海舟西北行旬日而抵直沽其亦利甚歲漕米亡慮三百萬石當是時也漕法始立其二家殷富不

有買賣盜食輒敢譏上自二家發廢迄今四十五年漕户率衣食於是或其家粗富而其人畏刑漕萬則官之萬也漕千則官之千也一或窘貧則相率無賴買賣盜食無所不至矣朝廷以漕府吏其風來無以服人至正十二年冬托音公寔奉命來居府長公廉直剛果慈惠愛人始至則張理綱紀修舉廢墜漕户彫靡者盡削其籍別召富民俾共漕事始人甚難之然人素服威望重令下無一人敢後至者進民聽廳事下從容乃諭之曰今官與汝直且視汝直力漕米多寡有差他役且一切汝復無苦也民聞公言罔敢違逆退相先治船以稱塞公命初法漕户有肯不肯躬身入海者坐之公以新户多富户民多軟弱勿習海第無失事聽其用人自代且為常法時府庫空匱漕直前莫之知所出公慮後時害事憂見於色會都省遣使送鈔行省供億軍務公聞之馳馬至姑蘇驛

從使臣留鈔使臣以軍務急重不從公曰我為轉饟顧不急且重也竟取鈔二十萬錠以給直漕漕户利焉故事歲春夏宰臣暨漕府長祗奉皇帝命致祀海神天妃公虔躬齋祓躬視酒牲肥充潔新一如法式比於行事進退興俯始終恪誠神相漕事濤風禁息卒以無虞漕户盜賣米而誣民取償吏役並緣為奸公察知之第令坐漕户毋縱汎濫蝨民民免者甚衆吴民飢公視官廩多羨米謂郡長吏曰今四方盜賊蓋良民也迫於飢耳吾食厚禄奈何坐視民飢且死不少顧恤也長吏即盡出羨米平漕大縱平糴而民甚德之成周國有大事則六官通職以助是謂官聯故有喪荒之聯事若公之救民飢寔非出位也且其居漕府吏法易弊其智力不能以相佐其勇且不謂之有過人之才耶公嘗為御史出監閩憲並貳浙東帥閫皆大有聲令[今]其政績又顯著若此作為銘詩刻

之樂石以示無窮不亦宜乎銘曰於皇世祖既受天命奄有南服
南服孔將有江有湖誕植嘉穀有新附臣肇故其海用海為陸乃
漕其糧上入于京其食斯足凡彼作法惟鮮克終罔不有淑彼衆
漕人乃敢用奸勿畏于戮皇帝曰嘻謂公汝南作朕心腹公召謂
我人曰來共事匪汝荼毒復汝徭役亦勿從海予大矜汝致虔神
妃沐浴齋處遷宿祠下躬視潔肥壺濯鼎鼐羊豕牛馬大昕公入
祼薦拜起億萬觀者神食馨香馨香惟誠匪樂巫舞神妃效靈漕
發之旦無暴風雨蛟鼉遁匿水波偃平保右檣櫓吴氏[民]懼飢中心
恒憂食勿暇惶民來貿貿俾控邦侯發陳於倉民無散流老稚飽
嬉歌於道旁其歌維何曰維報功天子聖明急召公歸公歸東樞
大惠群方昆陽鄭東撰濮陽吴睿書
崑山州重修東嶽廟碑

有天下者得通祭山川之神蓋中天地而立故其氣通諸侯非其境内則不得祭非惟不敢踰犯禮制然亦非其氣之所能通也嶽之列有五嶽岳宗在秩事為最隆故唐虞巡狩必至其地成周之時其山在魯境内故惟魯得祭今其祠廟遍天下則天下皆得祭非止於魯矣昔楚昭王有疾卜曰河為祟大夫祭請諸郊昭王曰三代命祀祭不踰望不穀雖不德河非所獲罪也仲尼稱其為知大道然則山川非其境内不能為禍顧獨能為福耶雖然予嘗攷夫後世徧祀之故曰山林山谷邱陵能出雲為雨見怪物皆曰神公羊氏傳曰觸石而起膚寸而合不崇朝而雨及天下者泰山之雲也是泰山能出雲為雨且其雨及天下是有功於天下天下祀之豈以是歟宜他嶽不得與焉崑山有祠大德初河南行省左丞朱公清所建也中殿後閣前門旁廡規制完具公延道士殷君震

亨主之且使之甲乙以相承繼次傳金君修德殷君元善楊君春
澤迨今且六十年末之堅者日腐土之粘者日解丹艧之絢爛者
日晦昧漫漶春澤乃謀于師曰祠廟之設寔為茲邦之人雨晦疾
厲相近之地茲屋日就於壞不修將何以嚴祭祀乃與其師盡出
所儲即興工役邦人亦多輸錢以助未幾腐者以易解者以固而
晦昧漫漶者以新時至正十二年壬辰歲也初震亨又別作室於
祠堂之東南曰靈寶進院令春春澤至馬震亨字在山崇明西沙
人德業為時所推重宜其傳世皆賢也余惟能福天下者岱宗之
神也能建祠廟使神福於一州者朱公也能繼其功者勿墜者殷
湯也是可書已為之作為歌章使州人歌以祠神詞曰岱宗巖巖
位東方大者兖鎮魯所望其色上與天蒼蒼蒼龍七星經央央發
育萬物司青陽天厲不降降休祥大雲時出冒八方氣闔為雨闢

為暘黍稌溼燥丕穰穰民不飢餓逢屢康中非靈示孰主張茲義明白非渺茫恭惟洪功浩量千古萬古天同長唐虞下暨明聖王代隆祀望弥昭彰秩踰四岳禮非常西南北中讓莫當扶桑出日灼廟堂木蘭斷榛文杏梁幼牲角握弱惟強黄流在卣臭馨香我卜而食時日良飈風倏忽神來享昭明在上何洋洋晃而青紘帝衣裳山祇川后序兩旁祝傳神指意孔臧天子萬歲壽無疆敷錫四海名永慶昆陽鄭東譔濮陽吴睿書并篆額

重修靈慈宫碑

海之利天下其功用為最大通舟楫濟阻遠遷貨資之重雖地之相遠秦越無乘車御馬之勞不踰旬日可坐而至矣然天下惟海為至隆況夫操不可持之器而陵不可測之淵其遇卒然之變有非人力可得禦者使不有神之智力以相左右其能克濟哉我元

運東南之米取道潦海繚繞萬里而達京圻其亦遠且難矣惟海神天妃有功於國與民者甚大舟入大海汪洋之中上天下水四無畔涯彼以渺然之身談笑而往無少怖畏疑慮之心以神賴也當大風疾至海水盡立雷電交下天日盡瞑同舟之人對面不見辦顏窮危慼殆乃叫號於神神之檣火炳如大星衆叩頭再拜舉手相賀如得更生其禦灾捍患者此神之得祠亦宜矣神夙昔著靈至宋元祐間有功朝廷始立祠于其地聖堆厥後靈蹟日益顯赫凡東南並海郡縣悉皆置祠祀之處至國朝始賜祠額曰靈慈崑山周涇有靈慈宮大德間朱公清所建也因肇啟漕道出入海水屢承神休所以表著靈蹟而爲祀壽禱之地當漕發之朞省臣及漕府長佐必躬祠下得從以行且祗奉上命具六牲以嚴祠事春夏凡四至焉皇帝歲遣使函香貢臨德意優渥曰是宜宮祠侔

潔完好幽以事神明以祇待王命至正十三年春今漕府長𣵀音
公始至祠下仰見殿廡棖瓦彫弊丹堊蕭瑟大驚曰是雖主祠失
人亦有司之過也乃出公帑鈔計凡七千五百緡俾新之主祠道
士楊春澤周掌葺治州郡長佐及遠近富人皆相出錢先以佐役
未幾舊屋皆完復以殿之東北爲殿以安神寢北爲樓以弭而使
節至是宫之規制始倫矣初祠之立寔道士殷震亨主之震亨卒
之人以浮屠攝焉後至元間以道士張德一公始乃訪求道士之
賢且才者俾之舉廢修墜而因得春澤且以春澤寔震亨之後遂
使之主是宫且定爲甲乙相繼無有變易而春澤之勤敏果能立
事又足以彰公知人之明焉公盡心漕政弥滿周遍無有罅漏及
其致力於神又復懇至且圖久長及神明相漕事卒底于寧雖昭
荅國家典禮之隆然亦出於敬承感召之故神人相與其亦可信

也夫既記公事神之蹟又作迎送神之歌使歳時歌以祀神其詞曰海之水兮寔大以長妃旦出兮無方夕歸來兮故鄉閟靈館兮莆之陽編貝戶兮珠房女窈窕兮在旁啾吹匏兮鼓簧飲且食兮樂康築遊宮兮婁滸僘敞高堂兮踈戶雲為車兮龍為馬妃倏忽其來下荐廣牲兮豐黍伐大鐘兮兮賁鼓方洋洋兮翟舞聊逍遥兮容與載羞肴烝人斟酒兮我妃孔樂无不有兮高濤山立大魚吼兮風吹元旗飈先後兮火流群檣亦圓斗兮舟人如林命妃手兮嗟我欲留終不可久兮昆陽鄭東譔濮陽吳睿書并篆額

崑山州重修學宮碑

崑山在宋為望縣學宮在縣治西南二百九十步元祐間縣令杜採之所徙建也國朝以生齒之庶陞州徙治所東倉至正丙申海寇毀東倉州復舊治所招遷流逸民重立官寺及社稷之壇宓犧

神農黃帝之廟至是遂大修孔子廟殿之址拓其舊三之一堂室門廡齋序直舍庫庾庖湢無不畢具又為堂以祀鄉先賢鑿池論堂以制象設先聖先師繪從祀諸賢範祭器理大成樂皆如法寔令費侯為州三年之所成也民之居者知有教士之歸者知有養又侯之仁民禮士一出於誠之所致也役使至政二十年夏四月竣事於冬十二月侯既帥僚友將吏儒先生講舍菜禮先聖先師又遣職於校者其書幣狀顛末走百里外謁予文以志予方悼世變之劇州也鞠為草棘者雖鄒魯地不免況阻江要海與寇爭尺寸乎訖能保障其所如金湯帡幪其居廬校室如按堵之故非其人之守將雄才健政有以濟其民者何致是耶若侯者是已傳曰守吏者民之師師也侯非師帥之殊尤者乎抑聞侯治暇即過黌宮與為弟子師者辨討名理扶植綱常者切切然恐不及人嗚呼

人之所以為人國之所以為國者綱常也敘此則治斁此則亂世
降道微邪説暴行滿天下馴致三綱淪九法斁人類無以别禽獸
然理出於天者未嘗一息而可滅予讀孟子書知先王之學校之
教矣其言於戰國之君曰三代之學所以明人倫也時方崇功利
薄仁義則又告之曰未有仁而遺其親義而後其君者推其效可
使制梃以撻秦楚之堅甲利兵人心天理之足恃也如此詩曰既作
泮宮淮夷攸服是其效已又曰在泮獻馘在泮獻囚又知古之文
武非兩岐也侯於是用武之秋不敢斯須忘文教其不以是歟昔
魯作泮宮國人有頌竊取其義而係之詩云侯名復初字克明東
平人贊其成者同知州事海陵梅英判官濟陽丁復初教授陶植
按控按牘陳善都目沈繼祖謝安道也詩曰維吴支邑昆北東東
薄於海捍海作邦陵谷以變井邑以遷人民雞犬往而復還邑有

庠序鞠為草莽治必有教復黌宇展也費侯樂師克師文事武事兩歧然而在昔受成獻囚獻馘我教既成我戰必克化民服敵孰員孰何侯曰噫嘻豈不在我我部百里我心一家衣冠儼雅籩豆靜嘉天綱不斁國紀攸敘如子從父如弟聽傳維昆有石維石有銘銘以著績聿觀厥成有元至正二十一年歲次辛丑春王正月上元日建訓遵陳增殷奎直學黃闕李沓學吏夏芑竹先仁奉訓大夫江西等處儒學提舉楊維楨譔將仕郎杭州路海寧州判官褚奐書并篆額

記

崑山州重修學宮記

教民者民從治民者民訟是以學校重三代之際學校徧天下記稱國有學遂有序黨有庠家有塾其大畧可睹已予嘗攷所謂校

室之制則塾也即其所以督教之遂遂使田廬民氓皆盡躬行孝弟忠信之行其效美矣及秦棄詩書不用學校遂廢至漢孝武時始復興學由漢以下每一改邑學輒隨而弛必久而後復我世祖皇帝□初定天下即使使東祠孔子復延致鴻儒大興禮樂文教之事民口為儒家復其徭役每詔下條序學校於是聖道彰明教化純美天子坐致太平之功學校不廢也崑山故大縣頃以戶滿若干方陞為州後徙治益東東倉州令是也既遷有司作新學其制務侈於舊然來者勿察浸久浸弛至正四年春令守王侯士英來見其蕪陋忽治曰不教民無以為治學廢教將安出夫國家隆學校所以樹教本也乃使修學宮上者棟宇下者步廡周垣靡不堅完又使士顧信相於論堂之北作新堂以為子弟講業問辨之地守以時入學則居於是使論說所受於師者以察其進否又鑿兩

池挾室之旁中植蓮花曰是周子之所愛也而為説以喻道也因名堂益清是歲學成而余適至入其境民有扶老持幼望其邑而歌問之而曰前日為政者虐故去之日聞新守善養親又多善政是能養民者也吾故還耳余聞其言而歎曰斯近於仁矣能使其民親遊于其校士之居校者稱侯之美曰仁而不借徭役貞矣廉而不苟盜攘息矣勤而不煩草萊闢矣予曰斯寬矣能使民遷善余嘗論之夫民易治耳道之仁而仁道之讓而讓設為學校教使皆盡躬修孝弟忠信如古之制其效亦無不著觀侯之于學善矣又能以身先夫民民喻其仁若依父母誠稱國家之明制庶幾知教矣昔者魯修泮宮而魯頌作重民彝也余頗取其義以為詩以勸教民詩曰勾吳之東其縣維婁地大民夥陞取雄州州既改作民來如厲不教則悍乃作新學學成教首吏闇勿察弥久而弛置若

綿蕞守入伏謁顧瞻怵惕俄而大起棟隆且吉相作新堂使居弦誦更進弟子試為禮頌守謂弟子力學自躬毋若征傜恣求良朋父兄圜觀歡喜忭舞執公之轡願之公所昔我避我逃將子車下今弦於觀進豆陳俎池水湜湜菡萏其花錦紳縞帶容色洒如冣冣哉爾士有敬毋怠作室者誰世傑氏李孝光撰

## 崑山重修儒學記

崑山學校之難異於他郡有三故馬州之舊為縣故學校視縣為高下縣既陞州而學校尚仍舊規制畀狭不足以聳觀瞻興士類其故一也又今州治乃舊太倉地瀕海荒落其後日漸生聚成市蕃漢闤廣雜處混居而土著者十無二三文學之士亦率自他邦来今之舊隸書籍者數不滿十人蓋民非土著則所尚無恒心士非土著則所習無恒業其故二也又今之職教者非盡得人經術

之不明行藝之未備不能正身檢下而且徇私以從縱其奸是以
蠹愈深而弊愈甚此學校之通患而崑山為甚其故三也雖然事
存乎政政存乎人其轉移作興之機亦存乎為牧守者何如耳至
正九年夏史侯文彬來為守既謁廟廷即惕然思有所以親之先
是學贍空於計吏之手歲所入無幾何入即隨手支付無所儲儲
亦無其所侯命先作倉庾為屋者三翼其左右者二敞其前為軒
者一凡日時之侵漁窺覬冒占儒額者去之節浮費謹出納明號
令而是歲之所入者始全所儲者始有餘此侯之所以立其本也
乃覆殿西偏地復侵疆三畝有奇築而墻凡四十丈殿後地舊亦
為汙池旦暮潮汐蕩激幾壞址乃募工興地土寔汙池疊石以防
河岸而為墻於其上此侯之所以廣其基也基址既固乃建講堂
堂之高二丈三尺其入深五丈以楹數之者八其費出於民州陳

允恭而凡畚築完甓之務則民之願輸力者聽蓋侯之德惠政教足以動之故其樂於趨事如此若侯之自為與資於學廩者則吏建大成殿為六楹高五尺二寸尺深亦如之為儀門二楹如殿其高視殿不及二丈六尺其入深三丈門東西為官廳各四楹堂之東西為齋以居生徒殿之東西為廡以列從祀通為屋二十有六先是從祀諸賢並圖于壁翳昧陊剥弗彰至是改為塑像凡百有五人其門墻亭泮亦靡不完好始于至正十年之正月而以明年二月成此侯設施之次弟也侯之綜理規畫不啻若家事非有公府劇務不得已者必日一至焉若朝夕程督則授之教官前鄉貢進士蔡君景行景行亦孜孜展力以相其成於是授業者有師執經者有徒誦聲洋洋達於閭里觀者易視聞者易聽而人心俗尚之變且權輿于此矣已而蔡君述其本末以來請為記余前佐領

江浙儒學所記學校多矣然因仍者易為力改創者難為功今斯學内外高深縱横巍焉廓焉跨轢前代非力足以任重才足以立功者不及此雖然予嘗徵郡乘所載人物自晉二陸而下多名士然猶曰才華過實君子所不取如清慎超卓仁義不汗者率有其人至近代端拱迄咸湻科第相望為鄰邑最其間又以大魁為朝名卿抗疏力詆權貴者清節凜凜照映史册為閭里重州治既垂四十年商賈之集生齒之繁財殖之富皆有加于在昔而人才之見於世者猶有愧焉此其故可知矣令侯一舉而新之所以嘉惠士子者甚至為士子者盍亦以侯之心為心以聖賢之學為學為小學而必由乎洒掃應對進退之節必由乎射御禮樂書數之文為大學必由乎格物致知誠意正心以修其身必明乎治國平天下之務以達其用師以是為教弟子以是為學夫如是則德成於

己名揚於後時則居善其鄉以成禮讓之風出則廣其施以著之行事之實上以忠於國下以有光於前聞人夫豈非史侯之所望於諸君者哉史侯為州所增光創設不可殫記予獨記其作新學校之功以為州之士子勸無負侯之盛心云承務郎前浙江等處儒學副提舉李祁撰武畧將軍建昌路總管府判官胡布書并篆額

至正九年夏史侯文彬守崑山始新州校規州制也浙提舉李先生祁為之記史侯去而碑未刻至至正二十二年春基分教是邦始奠祠而立焉太守偰侯寔董成之嗚呼史侯建學功非一日而數年間始得刻石庸非政教有所關係而史侯之勤終可泯耶明年夏平江路崑山州儒學教授江南蔡基志

啟聖廟新建宗魯書塾記

宗魯書塾者松江上海之士民因孔氏之遺蹟而作也遺蹟者何孔子裔孫有仕于東南者僑居于此故名其地曰孔涇宅也涇之東十五里曰青龍鎮青龍又南六十餘里曰華亭此其地之所在也按圖經孔子二十二代孫仕漢爲太子少傅曰潛者避地會稽廿九代孫曰滔者仕梁爲海鹽令三十二代孫曰嗣哲者仕隋爲吴郡主簿三十四代孫曰恒者爲蘇州長史孔氏仕東南者非一人歷歲滋久不可必其主名也舊訪其地有孔聖廟顔淵井窐我墩涇之北有浦曰叔梁浦立有叔梁廟後追封又名曰啟聖王廟蓋孔氏久居其地或值世代分據阻絶思慕其鄉作家廟進祀故涇曰孔宅浦曰叔梁而井若墩皆以弟子名者實以擬夫東魯尊其所出而不忘其所自也又傳孔聖廟嘗廢爲孔宅寺泰定中廡下有異聲寺僧掘其地得舊時冠履等物土人益信其爲孔子

所居矣至正歲戊子前延平路教授章顏青龍人也家素饒財樂善尚義睹茲廢址名存實亡乃擇廟東隙地乗地興塏而營治焉傭工市材載堂載構並建兩禮殿右祀啟聖王叔梁氏及夫人顏氏左祀宣聖及從祀四賢十哲兩廡列祀濂洛新安等傳道諸大儒像設尊嚴規制宏邃南坑門二北祠文昌講集有堂肄誦有齋東曰進德西曰修業爨舍粗具兵難荐熾寢不遑理後十有三年歲庚子興化馬玉麟尹上海訪知其故章顏已死召其子彌輔喻之曰汝父搆是而中輟何居乃畀禄米以助不給彌輔割田六頃八十餘畝歲租米為石三百五十以資釋奠舍菜養士及器服百用之費於是走幣致前信州藍山書院山長劉鏞以主之設訓導二人曰洪恕曰韓羽以教弟子員直學一人曰王黼以司出納漸有條序而馬代去海陵何緝為尹申勅前規免章氏所舍田役以

優其家松江倅顧遬亦遣功曹董工甓壇築垣以補完之有項顧與何又皆罷去歲癸卯秋維揚蘇宗瑞尹上海而□□張憲文為丞天台陳聚為簿暨□職黄佑胡紹忠協恭敷治振厲士風躬禮書塾導飭惟恪廩昧於永乃命山長劉鏞具因革白文以刻石焉惟禮莫大於祀治莫先於教祀以致敬教以迪善能敬而善俗斯厚矣古者鄉師州長屬民讀法會射攷其德行道藝以糾戒其過惡祭樂祖于瞽宗以示不忘祀之與教其來尚矣聖人之教本於道道原於性性無不善則道無不在教無不行也吾夫子生于叔世不得其位孜孜然脩明經籍垂世立教使天下之人知有人倫而不淪於異類千萬世如一日則天地父母之德家祀戶享未足以報也況是地也聖裔居之嘗建家廟矣事蹟有徵廢而不興見者聞者寧愬然耶郡邑大夫士先後勸戒建置一新俎豆斯陳絃

誦斯秩洋洋如在濟濟來游可謂知所務矣於以崇德報功於以
化民成俗其效豈淺鮮者名曰宗魯以表其蹟不亦宜乎昔子產
不毀鄉校孔子仁之諸君子之興書塾得毋以有稱述之耶於乎
道若大路然人病不由耳師弟子業於是者溯夫淵源之正而不
汙流是溺識夫體用之全而不邪徑是惑是則聖人所望於後學
邑大夫所望於俊乂者群游于書塾涇浦者如周旋於闕里沂雩
之間自是吳多君子使人曰吳一變至於魯顧不休與至正癸卯冬
十月既望資善大夫江浙等處行中書省左丞周伯琦記并書篆

崑山州重修三皇廟記

稽古鴻荒之世人文未開蚩蚩之民與鳥獸爭一旦之命不有聖
人出而立人極焉生人之類滅久矣毛茹而血飲也爲之庖廚巢居
而穴處也爲之宮室畫卦以通之醫葯以救其死造律歷垂衣裳

以開萬世之治其有功於生民甚大廟焉而棟宇撓祀焉而籩豆缺豈教民報本之意乎崑山三皇廟自州治遷日後就頽廢至正十九年州治復遷舊所太尉缺承制以傑列石同知州事奠謁之初顧瞻太息退而謀諸知州費侯曰州事草創百廢宜次第舉三皇建極之始今而廟宇崩摧神象暴露國家崇奉之意安在耶舉所宜先費侯是其議亟捐俸為倡醫義士翕然和之不數日得錢若干緡又米若干石召匠度材以工給其役以吏董其事不數月殿宇之顛覆者隆然起兩廡星門之朽弊者翼然張階墀磚級之陊剥者整以密像塑丹白之漫漶者焕以新傳所謂人存政舉者是也夫弛張係乎理不係乎時廢興由乎人不由乎數有為者何施而不可也學有田若干蕩祖若干冊籍迷失無所攷石君有追究歸之學祭祀饘供之用於是乎不窘矣廟成而石君去費侯曰石

君之善不可沒也微予文記之予讀邵子經世書曰至皇帝王霸未嘗不廢書而歎也皇以道化民霸以力服人世降俗漓古道茫昧崑山之長貳脩舉墜而以皇廟先之焉其薄功利以尊道德者耶其知本報而善教民者耶詩云有斐君子終不可諼兮後之人庶乎尚有攷也費侯名復初字克明東平人石君字安卿西夏人陳秀民譔饒介書余詮篆額至正二十三年夏月日平江路崑山州知州偰斯同知州事部肅州判丁克明提控接牘趙從周都目謝宏道醫學權教授王煜教授許規立

# 名蹟錄卷二

## 記

### 重修永懷報德禪寺記

明朱珪撰

吴城之東百里内有屬州曰崑山州故治西偏有寺曰永懷其州之東濱海帶河墊下湫隘祇林寺基亢爽明塏寔經始之善規也按舊記寺建肇於宋政和間有僧義明闡法於斯聲動遐邇聞者樂施厥積既羨乃作殿宇行人道川幸邑人沈饒輙為募西方之尊信象教者承以法堂翼以兩廡表以諸天之閣而寺之規制粗倫至南渡建炎叅政王公欲以此寺為奉先之所遂請於朝曰敕改賜額為永懷報德禪寺越二百餘載日就靡夷凡規制之所存者惟大雄氏殿巍然丹堊漫漶將至廢弛為住持者莫有起廢之圖而其衆往往散之四方逮皇元癸卯改元之歳浙西江東道廣

教府移檄本郡以岳雲望禪師領之既至慨然曰吾為釋氏徒居
釋氏宮起廢之責顧不在我而誰歟先是寺之土田質貸久不能
復倉廩虛罄而廢加甚師乃力自奮厲夙興夜寐銖積寸累毫髮
畧不以私口體奉由是稽質貸之歲月恒以福報因果之説開諸
人未能卒化則出所積以贖之則質貸者歸虛罄者實然後度資
計庸庀工鳩材外自三門兩廡庋經之藏撞鐘之樓圓通之殿水
府之祠內暨法堂丈室與夫選佛之場儲資之庫下及庖湢圊溷
寺之周圍堤岸城墻一撤而新之閣之初建井植四楹今則耦四
楹而廣植馬閣之左右復創二樓相照以彌之則翬蜚敞豁金碧
燀烜而已僦工於乙亥之秋落成於乙酉之夏然棟宇隆厚上下
完固輪奐礱緻之美皆燦然不失舊規四散之衆復集相與喜曰
我等歷雲水見名山大刹之偉壯未嘗不內顧而興願念不圖今

日見永懷之重新也遂合辭走武林屬余文以記之夫天下之事
物無巨細惟誠可致仰慕佛氏之道微妙宏博天地所不能容聖
智所不能窮其為道勇猛精進心所趨者不退轉卒以成佛況寺
之興乎且昔之尸此者豈不知廢之不興為己病此乃誠不屬故
坐視歲月之遷而徒已焉今永懷之重修庸詎非望師一念之誠
哉故樂然敷其梗概而為之記載諸石以壽其傳庶為來者鑒毋
隳厥緒焉可忽諸師諱道望台之臨海人姓項氏世為儒官得法
於寶寧古林之嫡嗣岳雲其號云至正七年七月既望鄞劉景元
記大中大夫秘書卿台哈巴哈書

豐兆院記

吾聞佛氏之于其道也必深造超詣盡得其師之説而後止故嘗
去父母親戚斷割情戀不使外物騷亂其心腸二三其思慮則庶

乎其有得矣然居不可以無宮室也飢不可以無菽粟也寒不可以無布帛也相生相養之道有終不得而廢矣故必有上棟下宇之制以却風雨寒著暑必有園田生產之利以偹飢食寒衣夫既足矣又不能無出入寇攘之防疾病死葬之變不可孑然而獨處也故又慎擇其人之慈良信愿號為師弟子結之以父子親戚之恩使可以相保相賴必如是庶幾其可也崑山東廣教寺為吳雄剎僧徒常二百人往往有以行業顯名當世者有曰傳法師者常出主杭之橫山寺明天台氏之說其行業尤著法師度弟子二人曰道彌道行彌獨得其師傳乃別築室於寺之東姚岑里名曰報恩精舍皇元至元間有司籍僧回陞為院至大德中屋為颶風所摺乃以田易廣孝寺東偏隙地而遷焉傳至允穹正因又能增益其能視昔有加矣因公性機警又問嘗學林材幹足以立事常居

廣孝者舊典舉墜廢其功居多非惟能紹先業而已又慮其徒或忘前人創立之艱徵余記之令人有父子兄弟之屬家之所以成者由天倫之和而取賊敗者背〔皆〕是也况乎結至踈將為至戚其可以易道哉若然則庶乎始終相保相賴而無慮矣

大寶洲記

靜專者道之基廉退者福之原節儉者事之本士之賢知之士行高當世不危其身不損其名百世下有喜稱而樂誦之者豈有他道哉世之末能下技譸張巧變將持之以欺世而盜名其自視為有餘貪墨而不止及其窮也亦可悲已故惟遊乎方外者其志堅定凡天下之可尊可貴可喜不入于心故常超然而皆能自遂焉蒙前禪師則其人也師自髫年歸于佛長遊四方從鴻師先生盡得其說至詩書百家言亦無不通元統間教府選材僧而得住崑

山報本寺未幾遂棄不居由是檀越尊姓衣冠上流至於賈工下
俚之人向戀弥至凡所施予無所吝惜師勇于進修而服食寡薄
雖古之槁枯巖穴者無以過之乃視其所贏即寺之陰别為屋若
干楹邑人章景仁讀書好義與師相善又能以力相之屋成象物
佛於中且以待四方賢者之來也署之曰大寶洲乃謂東曰子儒
氏而通於詞願有以記之夫物希有而難致者謂之寶珠玉吾知
其為貴土缶瓦礫吾知其為賤小子之智奴隸之明也天地之間
有至寶焉智者得之愚者失之矣是故寶得其寶者祥寶失其寶
者殃曰慈儉不敢為天下先老氏之寶也曰佛與法佛氏之寶也
合佛與法而一之者僧也故僧亦寶也夫是寶也衆生非無佛非
獨有衆生非欠佛非有餘故佛常欲與衆生公共而均有焉居之
而弗施者謂之徒寶失之而不求者謂之棄寶吁佛亦悲之矣今

夫是洲之大衆寶聚焉能入其中者行至坐卧常不離寶豈終有不獲者耶而為誦曰其洲大無量中有衆寶聚非金銀琉璃珠玉諸珍等其寶悉見前罕有能見者如盲眼無視如坐暗室中人辨五種色疑惑不能知惟無障礙故而能見斯寶充滿于大洲無有非寶所若有諸善人因以求寶至皆生大歡喜悉能滿其心昆陽鄭東造濮陽吴睿書并篆額

瑞雲精舍記

崑山東陸瑶里曰瑞雲精舍者宋咸熙苗涇廣孝寺易公作也里有陸氏為里中著姓易公陸出也精舍之作以近族也按廣孝寺碑始建於唐咸通中而唐末寺殿至宋太平興國中有高僧子瓊道清者從汳梁來至海上至其地古且得石幢草礫中識其故寺址也乃重作寺以居四方之來從者蓋易公之初祖也故今廣孝

寺易公之徒猶宗子也其先師弟子之傳以次至易公始度弟子二人其一曰法明爲明之後者曰可才乃出分而至瑞雲焉凡彼此衣鉢之儲土田之入由是始判然而爲二矣宋末精舍災皇元大德間明才二公復作之視昔有加焉既又作室寺之東序之北欲後人知其所自出也由才而下曰分祥清潤淨元希孟從邑如以德鄰智融若谷義深善權其傳皆以次文山孟公慮其世遠而法壞且忘前人之勤也是不可以無記謁文於予嗟夫世之享富貴有不能終其身或僅一再傳其子孫則已寒餓而亡滅者矣今佛真相傳或歷三四百年而不墜者無他道也世人急富貴捐禮義故子孫常多愚而易敗佛氏往往能慎後而擇賢宜其能久也余觀諸瑞雲若孟公鄰公皆出世而師表於天台氏矣是不謂之能擇賢耶今又以賢而擇賢則其徒宜益有賢者矣其將相繼于

無窮哉昆陽鄭東造并書弘農楊希賢篆額

## 無倪舟記

客有夸其言於衆曰負一鍾之粟則用馳之力一牛馬之力五人之力十矣今海上之舟絜其大則踰千弓計其力之任則踰千鍾用之入鉅海走汪洋一日赴幾千里而不為之勞人馳牛馬强日及百里弱半之汗出而力盡矣然則其為器大為功多莫若舟也客有在旁啞然笑之曰陋哉子之見也吾語子以大舟乎仰而制圓俯而制方崑崙坱圠莫極端倪日月星辰之行也山嶽河海之流峙也九州生聚之耕作飲食也羽之飛毛之走鱗介之潛伏也蠢焉而昆虫也植焉而草與木也廓以居之力以持之是故愈久也而不虞其壞愈多也而不憂其隘其為器也孰與其大其為功也孰與其多客又有在旁啞然而笑曰子之言幾矣吾復語之以

大舟乎其制也方寸及其廣也包乎太虛無有端倪彼仰而制圓俯而制方納之吾舟之內有餘容矣日月星辰使不失其行山嶽河海使不失其流峙九州生聚使不失其耕作飲食羽毛鱗介昆蟲草木使不失其飛走潛伏蠢植且百世之上吾溯其流而知其已往百世之下吾從其流而知其方來然則其為器也孰與其大為功也孰與其多二客憮然久之曰吾知舟之為舟而不知天地之為舟吾知天地之為舟不知大於天地之為舟幸聞先生之言可以去吾蔽矣句吳白雲師署其居室曰無倪舟昆陽鄭東為述三客者之辯作無倪舟記

## 崑山州知州史侯生祠記

佛氏以慈悲宏願汲汲拯救群物為務而不私恤其身其設心竭慮亦仁且厚矣自其法入中國上而萬乘之君下而公卿大夫至

於庶人莫不受護而尊信之其說故能垂之千百年而勿墜也崑山茜涇廣孝寺建始於唐咸通間其僧員之盛比案而連業同堂而合食者常二百餘人蓋吳郡東名藍古刹寺舊有田畝若干畝遇歲不豐食廩輒告匱境上富人因捐田入寺日餉得以少裕焉至至正七年朝廷以凡天下寺其買田非宋金時者令徭役與齊民等且崑山為州徭役甚重以繁為東南州縣之最雖多田鉅資之家一或失計即糜爛破壞不可復支況僧素不習事孱弱畏怯而一旦加之重務有司又低昂失平絲粟之賦刻期逼迫故往往鬻田送官用脫刑責且小吏賤卒假威上人日持牒踵門足跡相接苟勿滿意欲即造語生事巧發上怒動輒禍人至必待之如尊賓貴客雖一日數十人不敢忤一人焉由是寺力日就澌盡如病羸人僅僅骨立時廣孝之衆相顧無策壯者欲散之四方老者立

待斃而已至正九年春朱方史公元來守崑公廉正敏亮恕惠愛人不立威任刑常近民而求其所惡欲欲閔閔馬若慈母得赤子於其懷也乃知僧之病役而廣孝獨甚焉惻然而愛護之甚至寺僧乃喜而相慶曰吾可免於散亡立斃之憂矣然公之恩我若是其厚吾無以報公是心缺然矣宜肖像以祀公不惟使近佛而求畀以盛大之福且朝夕若親公顔面而敬且愛焉則亦庶幾可盡吾心乎乃相東序治室而慎祠焉寺之主僧乘謂東曰凡人之情于事久則怠怠則忘之矣願為文刻之貞石將使吾徒懷公于無窮哉古之善為治者能勿咈夫人之情則其政無不獲者矣故上者常任德下者常任刑刑怨之淵也德恩之藪也前乎公為崑山不知其幾人矣未聞有能祠之者由今觀之刑德之應亦大相遠矣然則後乎公者又能以公之德人者德之其有不以祠公者祠公之乎

公有惠愛于人甚至崑山之民攄摭其治迹之寔而載之石甚詳也茲故畧焉昆陽鄭東造并書弘農楊希賢篆

直沽龍祠記

通州南五百里其地曰直沽有龍祠龍能著靈凡水行之人涉危蹈險莫不賴龍以為命者且國家歲漕東南之米三百萬石由海抵直沽而達京師于時海波晏伏雨風和平萬艘連連卒以無事亦莫不賴龍以為安者則龍之於民亦有功哉記謂能禦大災捍大患則祀之龍之有祀也固宜又曰山林川谷能出雲為風雨見怪物皆神龍寔有焉則其有祠也又宜吴之崑山商者沈某海行而至直沽數數焉其出入海水船安楫牢未嘗有倉卒愕怖之變故其事神益虔因覩祠宇撓壞像設露處過者狎焉其心勿寧且曰神之德我人甚厚當其身危勢急叫號于神求哀而乞須臾之命

且終身思報德不敢背負及其既寧而遽忘之我等小人真少恩哉乃度祠屋舊制歸擇材為屋凡若干楹既具越明年春載舟而植焉寔至正五年也若某可謂能報神矣夫德人而責報于人者非也蒙人德而忘報人者亦非也今神不責報而人不忘報各盡其道而已且某亦商耳推是心而為臣將不後其君為子將不遺其親為弟將不倍其師世之稱君子蒙人厚德其人一旦在患難則計較得喪不肯相顧皆是也平居則曰彼商也今其見義反不及之矣予故書之非惟使過客常負於神者讀予文內愧而汗下也昆陽鄭東造

海曙樓記

崑山之東北海上其地曰茜溪[涇]土壤衍平廣袤有美田深澤之利民居絡聯比密如縣邑然吾友楊鍊師居之予嘗往來鍊師必久

之而後去然獨恨其無高山大陵可以遊觀以宣暢湮欝之氣雖日坐屋下安飲且食使人悵然不欲樂去求車蓋諸山以望勾吴之墟太湖三江之水則百里外不能一日而往還也自予歸永嘉日有山水之樂然寂寞無人則思其冠服脩好姿骨奇岸有如錬師者與之相從其閒而不可得則又有不樂者焉且聞煉師治樓甚雄峻宏麗如仙者之居予憶煉師當清秋暑退海月夕出馮軒而望思故人如余者散在四方與方之嘯咏其上而不可得亦將有不樂也今年春二月余來吴即過錬師求樓登焉而我二人相顧一笑向所謂數者之不樂皆釋然矣仰觀其楣閒之牓曰海曙錬師曰子試為吾記之夫海之曙吾嘗習見焉夜過半日將出扶桑之旁陰氣消歇陽光四達於是時起觀清明之氣而吾之在躬者益有驗焉況其居高凌虛而先得之者耶吾將從錬師於是樓之

上又聞方外之士服朝霞而能久視必有以私授我矣鍊師名希賢字敬仁善爲歌章好鼓琴當世賢者樂與之遊云今年寔至正十一年月日昆陽鄭東造

## 聽海軒記

水之爲物也側出而上溢勇決而峻下觝崖而阻石而聲出焉然其轂也始而怒中而平及終涯而爲海也納乎至鉅蓄乎至深雖欲求其聲不可得矣是知水無聲水而有轂水不足於水也豈惟水哉至於人亦然令夫公麽之人有一善焉而其色也矜有一能焉而其言也夸夫是二者生於不足也尋丈之瀑尺寸之端也聖人仁義之懿道德之豐藝能之通且習方退然而居天下莫能盡窺焉是故善觀水者必於海善觀人者必於聖人得其術矣句吴俞復初爲老子之言且博通郡群典以求合於吾儒氏之旨居婁江

去海且近因名其軒曰聽海或人以問予曰海無殼奚用於聽予曰甚矣子之固也夫聽海者非以殼求海也將求海于無殼也夫求海于無殼則海之為海也至足矣猶求聖人於無迹也求聖人于無迹則聖人之為聖人至矣以殼而求海將以己之量而淺海也雖然吾嘗居海而觀海之變當陰氣之將洩其殼卒然而生閧然而合茫然而莫知其所來頃焉大風應之與之相遇滉瀁之中當是時予起而聽之殼塞天地將不能容天下之殼未有大於海也及其卒然而平泯然而止茫然而莫知其所涯是知無聲者為至足之藏有殼者為至足之發噫嘻至哉海也故惟聖人與海準也且天下之耳同乎聽有精粗焉夫習於海而莫之詧者衆人也其聽粗也其智勿及也吁海哉海哉天下之善用其聽者日寡矣復初喜且請曰願有以記之遂為記

# 花雨軒記

婁山曰玉峯，峯之南隐君子居焉。竹樹蒙翳，町畦交午，中為軒，雨楹北塞而南通，春冬清燠，夏秋涼肅，適體悦性，居處宜矣。若老謝事，予姓長日坐軒奥，楞嚴法華諸無次第，鼂越旦日起沃盥，琅然誦讀，雖甚劇勿間，以為常，如是已十載餘。鄉人稱之曰善士，邑大夫禮之曰信士，士君子敬之曰貞士。非善無以懲惡，非信無以動物，非貞無以處己，君信其鄉先生哉。余友盧先生志道友於君有年，教其子孫知孝弟忠信，皆循循雅飭。長子復初克承君志，所交多名士寓公，甫弱冠，先生長者樂與之言。嘗介盧先生求余文發君隐德。予聞釋氏書善誘人，予於釋氏非能，能知知我好之以獲休譽于卿大夫士若之有得也。必秘，秘必神，神必顯。其講説處天能雨花，坐中君講説是軒，能然否耶？他日造軒中，必有能然者感

君至哉始名曰花雨軒歲庚戌二月廿五日齊郡張紳記

又

世有慕空寂以樂天賦之善而不越乎綱常倫理君子固當進之而不可概以游之方外者並論也崑山王祐之甫避世藏密朝夕繙誦內典以事無事乎奔趨無效乎刻畫淡焉泊焉內養外持雖籘葛紛沓萬變日至吾則凝焉寂焉而已雲門山人張公士行過其軒居署曰花雨且為文以表揚之而又介陸公載請予發其未發之旨予聞金仙之教其高深元遠不可窺測故雖天地日月皆有成毀而其妙有寔理則固未嘗毀也若其天雨寶花彌滿周匝於三千大千恒河沙數世界以顯神藏用豈特泥一室而已矣花之不根不柢不彫不謝者無分乎春冬無間乎紅白又豈假乎造化栽培之力也耶祐之茍能有見則雖處幻境而不為幻境惑不

徒繙誦而已乎金仙之道貴在直超無始洞悟本真所謂不與生
俱存不與死俱已者在是而不在彼花雨强名不過神幻恍惚以
驚駭耳目豈可愧（媿）在執着而流觀哉余嘉其請遂因其命名之意
仍為偈云其花非凡花漫空眩衆目花蕊類生成凌亂從天雨無
根亦無柢香婉芬陀香匪但闍崛城偏覆恒河界若人能了悟眼
目鼻觀聞觸類歘有得重啟光明藏結習悉掃除飛墜不著體元
言既超出弗泥還弗迷燕坐動毫髮當作如是觀洪武四年龍集
辛亥夏五月端陽日樵海老人淮海秦約造

名蹟録卷三

墓表

宋龍洲先生劉公墓表　　明朱珪撰

先生名過字改之廬陵人宋以詩俠名湖海間陳亮陸游辛棄疾世稱人豪皆折氣岸與之交丞相周必大聞其名欲客之門下不就故人潘友文宰崑山縣延致先生先生雅志欲航海因抵縣留宿馬先生卒縣主簿趙希𣖮以友文所賻錢三十萬緡買地馬鞍山以葬遂立祠東齋久而墓與祠俱廢更一百四十餘年為至正十三年州人顧瑛秦約盧熊等聞之州州下其事徵諸圖籍正諸厲域表大石其上題曰宋龍洲先生劉公之墓越六年寺僧盗葬其所今知州費侯復初令下僧遷骼復其墓且表樹焉遣客殷奎謁余求表墓祠詞余昔往來婁間屢謁其遺墓勿得今幸墓復

余何辭于言或謂公一窮詩流且其詩於季宋陋習僅如五季羅昭諫耳其將何以表樹後人哉余曰不然取人以詞不若以節裁公嘗抗疏光宗請過宫慶與時宰陳灰（恢）復方略勇請申甲兵謂中原可一戰而取不用去正類昭諫力勸錢尚父以春秋討賊之義義士為之激立（烈）可以詞客少之乎吾以是復奎使歸告貴侯刻石為表大元至正廿一年冬十月五日奉訓大夫江西等處儒學提舉楊維楨撰將仕郎杭州路海寧州判官褚奐書

墓碣

元故朝請大夫温州路總管陳公墓碣銘

陳氏出舜後胡公滿以國為氏公之來裔莫詳譜牒世居峴者祖諱信亞中大夫同知浙東道宣慰司事輕車都尉追封潁川郡侯父諱允恭嘉議大夫平江路總管上輕車都尉追封潁川郡侯皆

公推恩所覃也公儀表魁壘遇事沈密而果決其開誠下士則洞
見肝胆平居好古健遊覽嘗不遠千里登太山日觀南上武當絶
頂觀銅柱東航海謁普陀大士像若有所遇至至正五年詔下輸
粟於邊者授官公以粟授於潛縣税使遷晉江陞牛田司丞十五
年淮兵南下倖仕者相鳴而起皆集詬無賴公獨逃禍民伍越三
月間走京都挾粟數萬斛濟餉大臣梯之見天子天子旌其義授
宣武將軍同知韶州路總管府事未行明年薦授朝請大夫温州
路總管兼勸農防禦事又明年到郡郡方以民力捍城飢死者相
枕藉城下公下令發廩及私帑計丁雇役民趨者如市城塹不日
成前攺督秋税以家量收病民甚公急易之閲三月政平頌作秋
九月遽以疾終二十二年夏五月孫男經奉函骨航海歸是年八
月十二日葬於馬鞍山先塋之左公諱志學字俊卿娶顧氏蔣氏

並封潁川郡夫人子男三人長逢祥江陰州申港巡檢次逢吉江浙樞密院都事逢原水軍都府萬户孫男九人孫女七人俱在髫年逢祥衷哀來拜余門曰士附青雲屬之王公大人而身後觳光著白不朽則必托一代之鉅手筆先子幸附青雲有禄位不幸卒海邦數千里外不能如禮葬乃子孫罪又不得鉅手筆如先生者壽吾存没非重不幸歟幸哀而賜之銘余與公為甲庚友者二十年辭不可為銘曰貴與富不兩全害金櫝玉褐蓋棺仁人富不以私補吾國漕賑哉以歲飢要銀艾佩銅虎爾兵爾農子聽父堡障立梁柱傾天不假以三年成孫煢煢齒未丁護喪航海海砥平玉之龍氣葱葱白鶴歸來語長松城郭徙井邑改楊子作銘銘有在此賜進士出身奉訓大夫前江西等處提舉楊維禎撰盧熊書并篆額

元故殷處士碣銘

至正廿一年九月癸卯朔十有八日庚申吴郡殷奎葬其父雍逸處士之柩於崑山先塋之次既葬樹碣墓道而請其師東叟為之銘處士名庠字君序其先華亭人居崑山者再世矣崑俗喜貨殖類蓄髙貲遺子孫處士哂曰貲多愚子孫且賈禍何用哉聖賢之學達可庇民物窮亦善一身教其子奎不遠數百里從予遊一州皆笑以為迂處士不為變益市書築室使卒業余已喜處士之志果確而奎亦謙厚雅飭刻意古學余於是又喜處士之善顧克有遂也處士少時即以長子任家督弗及於學然其天質之美孝友忠信自有絶人者既壯間觀古書傳求其人行事施諸家父性嚴處士事之竭力能得其歡心遇子弟恩意篤至周人急無所吝雖負之不校其葬親勿襲鬼方俗委水火君子稱之故其歿也人多

哭之哀處士享年五十有七士君子誄其行者私謚之曰雍逸處士曾祖萬米嘉興節制幹官王父瀓父子湮皆抱德不仕娶王氏宣政院宣使忠仁女子四人女二人孫男六人奎其冢子也殷氏世三有德而無禄四世而昌意其在奎乎乃為之銘以俟銘曰生不穀死不壽德則富惟其不有以遺後會稽楊維楨撰豐城余詮書彭城錢逵篆額至正廿三年十一月九日甲戌男奎璧䇮亢等立

元故曹母碣銘

維曹元達庶母吴年五十二歳喪於賊而不得斂將窆墓納棺衣而葬焉乞銘於其友昆陽鄭東曰幸不沒母善且使後世不為虚墓也嗚呼元達之志可悲也已母諱某家世業農居徽之休寧全竹村母幼鞠於嫡外家汪氏年十五從嫡歸於曹先生某先生卒

母哭之喪明時年二十有八至正十一年賊發汝潁南延江東徽饒閒初賊逼徽境上家人欲負母出母曰君宜盡引去先人木主不可無守也且賊亦人耳顧我盲廢人何忍殺吾果幸得免十二年二月十七日賊又卒至家人倉皇四出賊以刃臨母曰能盡出篋藏可無死也母曰吾家世業儒第存先人敝廬及多書耳餘無有也賊怒竟殺母及其孫國賓親戚童婢同時死者三十三人賊退家人歸求遺屍衆骨横地莫辨其為母矣初母從嫡於曹能任治婦事而嫡不勞性不喜浮飾每服布綈猶以為過曹先生卒其兄欲奪嫁之母指天日誓無他生子二人曰天德宜德天德即元達也時皆尚幼令其能讀書自立為世儒皆素教之力也天德娶孫氏生子二人曰泰安普安女二人宜德出贅孫氏生子一人曰關住女五人曰奎德者天德之兄嫡汪所出也生子二人曰國寶

國家方元達及冠時貧無以為養負奇氣裹糧吴楚間從時名貴人游客高郵聞賊陷饒徽甚急迫乃急至杭遇阻不得往江淮反覆計之乃詣大官請身為士卒由行間以往大官見天德狀魁岸且出言甚文疑其為間諜將誅之會有識元達者得救免由是竟不得歸明年破徽有賊家殘母亡嗚呼命也夫銘曰天高高勿可求降淑媛覆用仇竟死變子莫收埋衣冠垂千秋嗚呼是為曹母之邱昆陽鄭東造濮陽吴睿書

故孺人陶氏碣銘

孺人諱安㞳姓陶氏世為蘇州人宋奉議郎諱璹之曾孫登仕郎諱伯柟之孫封從仕郎太平路繁昌縣君諱愈之仲女曾祖妣朱氏祖妣張氏妣宜人張氏也孺人生於至元十九年六月丁巳年二十有四而為長州路儒學正同郡錢君良傳之配端重有威識

勤不妄用奉舅姑以禮承其夫以順飭訓子女以嚴事上撫下悉
有章次晚年好誦佛書預為送終之具纖悉畢備故其内外宗姻
莫不稱其能洪武二年正月辛酉卒於崑山仲子述之家享年八
十有八男二人曰通曰述女一人曰惠柔適醫學提舉張元善孫
男六人晉益復升觀恒女六人淑安淑賢淑惠淑貞壻曰嚴元裕
徐天德周文瑩張天瑞淑能淑仁均未字曾孫男七人女一人是
年三月丁酉祔葬吴縣靈巖鄉黄山徐涇先塋學正君之墓至是
學正君之亡已有三年矣學正君之猶子達銘其壙石曰九十其
壽康且年也有子有孫孫多曾也善積於身垂後昆也有信不信
眎慈茲刻文也錢達撰并書

壙志

元故希古道人朱公壙志

先考諱旭姓朱氏子陽號次山一號希古道人其世居揚州崇明
之西沙里至元丁亥遷於吳郡崑山之太倉曾祖諱禮妣陳氏祖
諱智妣章氏陳氏考諱文清資德大夫大司農河南江北等處行
中書省左丞妣郝氏先考性簡重識量宏遠孝以事親順以事長
教子孫以義及鄉黨以惠處富貴淡如也大公左丞公寔以忠勇
之姿委質戮力於宋革命之時首創海運勳業著於朝時大臣知
先考之才聞於上至元癸巳降金符授忠顯校尉海道運糧千戶
莅官以公至上嘉其能賜以金緞秩滿不樂仕進退居田居里構
園池樹藝花竹扁其室曰樂善日與賢士大夫遊鄉人死無斂者
則買棺瘞之而貧無以禦寒暑者則置帳并綿纊施之大德辛丑
秋七月風潮西沙飄蕩民廬死者八九而存者無以舉火先考運
米千石往濟之有田數十頃歲少稔勿入其租吳郡三皇廟及元

妙觀鐘樓圮於風雨作而新之其樂施類如此先考性好學素尚
儒雅博涉經史尤長於小楷篆隸章草早歲從趙文敏遊即已有
能書稱晚年深造晉唐筆法之妙家藏法書名畫古器皆神品至
正元年辛巳八月二日丁未以疾終於家屬纊不亂惟戒子孫曰吾死
勿殉流俗用浮屠法惟事發祭葬之禮足矣言訖而逝嗚呼痛哉
先考生於至元十五年戊寅九月九日享年六十有四娶同郡虞
氏子男四人長曰明德娶顧氏次曰明善有疾未娶次曰希賢贅
平氏次曰明達贅虞氏明德明善虞出也女四人孫男四人長曰
伯不花從仕郎婺州路蘭谿州判官次曰兼善曰善慶曰觀善孫
女十一人曾孫女三人明德等忍死以是年九月八日癸丑葬於
崑山貫岡原先塋之次日薄事嚴未暇乞銘當代大手筆姑敘歲
月納諸壙云孤子朱明德等泣血百拜誌志朝列大夫平江路崑

山州知州兼勸農事蒙納瑪特填諱

故處士吕府君壙志

先君諱德茂字茂卿世系自西岳得姓至東萊伯恭氏之後為吴人永嘉李五峯先生常為文序其譜曾祖考闕餘慶祖流藴而未發父端號松巖初試崑山掾及授汳梁稻田提舉生先君女子五人先君年十四喪親獨養於母讀書習吏事不煩責教强志自立先世富有藏積時宋氏李氏姊長先君固讓獨取書百卷乃曰是遺子孫足矣姊妹遺諸孤擇師教之資其嫁娶喪死恤其家勿替父母喪哀痛而不踰禮人益稱之皇慶二年徙州家婁水上田壤益以廣俄燬于災堂宇深斥大之尤為宏遠事母終始致孝好施與為友為義緩急叩門如取水火歲大疫鄉鄰有至親不往過者先君軫其寒飢且家至户到多所全活晚年恬無仕進意常訓諸

子曰吾少孤奮勵成家又有賦役日夜竭吾心思勞吾躬而至於
斯歲廩之入以供祭祀燕賓客鄉里之老南閭北閭杖履可往來
也若等服習文學學所以敬親親賢之道吾宗為不墜矣嗚呼痛
哉至正乙酉三月病痿痺疫〔疾〕凡禱祀醫餌不驗其年十一月一日
終於家年五十三配唐氏子男五人曰誠次本文已娶恭尚幼長
女年若干先卒壻茅世顯庶子信女某誠娶邵氏無子早喪孫男
二人又明年丁亥十月十七日葬惠安鄉古塘北岡之原遂遷祖
松巖君祖妣楊為昭穆相向以冢婦邵氏祔誠負大不孝未獲寸
祿以養越二年不克葬葬且事嚴未暇乞銘於當代儒先含哀忍
死述其大者納諸壙孤子誠泣血百拜謹志前進士承仕郎台州
路天台縣尹兼勸農事楊維楨填諱袁華書
元故雲濤處士濮陽吳君壙志

先人諱睿字孟思姓吳氏先世係爲開封人六世祖諱忠宋宣和間充殿前司統制官扈從高宗南渡遂居于杭高祖諱永昌左武大夫忠州防禦使曾大父諱佐宋承信郎御前東庫司使臣大父諱清宋成忠郎充殿前都指揮使帥僉父諱埴宋德祐初以京官子弟恩例授迪功郎時年十四越歲餘宋主内附拘集近世子孫入都先祖亦在其列留都下凡十年至元間迴錢塘遂無意進取惟耽嗜法書石刻以自娛暮年號養素處士先祖生於宋景定辛酉歲五月七日以有元至正九年己丑歲十二月二日考終得年八十有九祖妣王氏先卒二十有六年得年五十有一同以至正十年庚寅二月之十六日卜葬於湖州武康縣封禺山之原先祖凡有三男子而先人居長焉先人娶新城徐氏於至順二年壬申歲四月廿八日卒年三十有九先人自幼雅尚古文篆籀之學凡

六書源委無不究探志樂山水清幽嘗自號爲雲濤散人不幸以
至正十五年三月廿三日以疾卒於崑山徐氏舍嗚呼痛哉先人
生於大德戊戌歲五月三日丑時至是得年五十有八子男一人
名昭以是年四月二十八日甲申歸葬於武康縣封禺山祖塋之
原嗚呼痛哉日薄未能乞銘於當代立言君子以傳不朽姑摭卒
葬歲月納諸幽室孤哀子昭泣血謹志友生蓟邱楊中塡諱

元故處士易府君壙志

府君諱思義字宜中其先吉安廬陵人祖諱斗元宋咸淳進士迪
功郎平江路常熟縣尉攝警崑山遂家焉父諱偉皇朝從仕郎吉
安路吉水州判官致仕母李氏府君孝慈温恭出乎天性隱德勿
耀恬然終身生於至元己丑十月十二日殁於至正癸卯正月十
二日以是月十七日戊午祔葬於馬鞍山先塋之側娶同郡長洲

王汝女先府君七年卒子男五人鼎恒皆王氏出關孫徙孫葵孫關徙葵皆早世女一人適王懋功孫男二人女四人葬有日孤子鼎忍死泣血書梗槩内諸壙豫章陳增填諱

故宜人李氏壙志

宜人諱貞順巽字巽卿姓李氏居吴之崑山大泗里世為上族乙亥冬天兵南下家牒遺逸故曾大父大父諱官無所可攷父興隆龍字興卿號慤齋宋太學生也會我父以江西戊辰尉常熟常熟秩滿攝警崑山歸順事定先妣以疾殂得地於馬鞍山西葬而家馬慤齋與先人善幼年以君許嫁於我庚辰五月先人以疾卒合葬先妣墓至元甲辰冬而翁不渝初言克合二姓君初歸我甞以不及奉養舅姑為憾至是供祭祀睦宗姻撫諸子克勤儉莫不盡理天性然也至大己酉夏吴之文學始以我備儒吏責於郡旋調

嘉禾陞浙淮鹽臺暨江淮府史南省三擢州縣幕官皆及代乃被
台州臨門巡檢之命在官未久年至申請授從仕郎吉安路吉水
州判官致仕恩例封君宜人首尾官游三十六年清苦自持生事
益艱日贍數百指得不困乏皆君助也暮年築室崑山以便拜掃
戊子春季子好禮爲毘陵郡吏明年奉親就養不踰歲君忽嬰疾
五日而卒寔庚寅二月二十七日壬子也生於宋咸淳庚午六月
二十七日乙未享年八十有一子男五體仁思義好禮近智履信
以時擇配非苟女二長適嘉禾王蘭孫次贅湖南帥掾四明陳秀
民内外嫡庶孫男十九女十一曾孫三女五人嗚呼吾與君共處
六十五年賓對若一日目見四世又將有婚嫁復何恨焉所恨君
之亡也先一日夕飲食談笑如常日黎明乃疾疾即篤緒言遺念
皆不及也伉儷之情悼痛之懷其能既乎乃率諸子扶柩歸崑山

卜以是年六月十三日丙申祔葬於先塋之麓夫易偉因述梗概納諸壙幽文正公八世孫將仕郎佐平江路儒學教授范文英填

諱

故從仕郎吉水州判官易府君壙志

府君諱偉字成大號兼山先世長沙瀏陽人遠祖雄東晉舉孝廉為春陵令死王敦之難及五代子孫廬陵五世從祖祓貴顯趙宋世由太學釋褐累仕至禮部尚書高祖嘉謨靜江府司戶曾祖應云知靜江府義寧縣父斗元平江常熟尉皆以科第進尉秩滿攝崑山天朝革命就家焉府君幼失怙恃負氣積學卓以成立既强仕困於無資援不能自致乃歎曰苟可以有為則為之即試吏平江再調嘉興陞浙運泉台州臨門巡檢年及致仕即仕告老陞從仕郎吉安路吉水州判官致仕居閒置散惟早暮以禮法繩子孫以

議論商古今接親友諧以言笑理情性作爲歌詩仕不剛撓退乃順居如是而已府君生宋咸淳丁卯三月二十九有九日歿今至正十四年甲午六月十一日是日命子孫前來語之曰吾以考終奚憾焉汝子若孫克率常訓吾死且安逝矣遂卒年八十有八其年六月廿四日葬崑山馬鞍山西合封宜人李氏墓距縣尉君墓五步府君娶崑山大泗里宋太學愨齋李公之女先府君五年而卒子男五人體仁思義好禮近智履信女二人長適嘉禾王蘭孫次贅慶元陳秀民掾湖南帥府爲之内外孫男二十人女十一人曾孫男四人女四人將封諸孤洫泣血謀曰府君修德勤事孰敢泯墜當乞銘昭代縉紳以著其寔謹述大概納諸壙云大中大夫前海北廣東道肅政廉訪使陳允文填諱

故青村場典史沈公壙志

先考諱仲字長卿姓沈氏梅溪自號也世居越之餘姚龍泉鄉祖
考諱闕祖諱震字東甫妣王氏先考剛直好義不妄交家貧乃謀
升斗之禄以養由巡司監場縣吏後奉浙江省檄陞吏平江府又
調杭州考滿授松江六日亭年三十有八二十四年甲辰夏六月
廿八日亟骨葬於馬鞍山文筆峯下先塋中之右先考娶崔氏瞿
氏子男五人長樞年十四歲先以治命定婚嘉定大場東陽沈氏
次機綱常瑺子女三人長妙賢九歲先以治命許適崑山沛國朱
氏次妙德安安孤子樞泣血謹志博陵林龍填諱

元故海道千户曹君壙志

先考諱珪字德璋姓曹氏海虞人海道都漕運副萬户諱南金之
孫贈奉訓大夫徽州府路婺源州知州諱文華子生而穎異早喪
父自能奮立襲大父恩授忠翊校尉海道香糯所千户佩金符在

官二十年部餉航海者凡八上至正乙未以漕事如京適罹兵亂遇寇北通州不屈而死時至正己亥二月十五日也即槀葬於州北水洆寺之側若干步年五十一有男三人長元次立次亨女四人孫男一人曰遷女一人嗚呼世路嶮巇元等負罪未能奉其骨以歸葬姑鑿竅於虞山新塋以俟時寧哀哉至正二十六年龍集丙午夏四月孝子元等泣血百拜謹志傳甥填諱

元故徐氏孺人壙志

徐氏諱永貞常熟人父諱元震母陸氏為同里曹元妻卒於至正十九年九月十一日年三十歲子男一人曰遷女一人曰幼華至正廿六年四月廿一日自虞山之右遷葬於山之陰其夫為之銘曰前汝姑後汝娣從之居即庭內至正丙午夏四月志

# 名蹟錄卷四

明朱珪撰

## 墓志銘

### 楊履齋先生墓誌銘

先生諱天澤字履齋號守遇（愚）子其先汲人始祖扈宋高宋（宗）南渡遂居吳之嘉定楊巷里里始未嘗有名其族人蕃大人以名馬世為儒間有出仕至牧伯者至先生以文行聞於人其里姓益著曾祖諱椿年祖諱文炳皆隱德勿見父諱貴龍入老氏法中為道士性純孝父嘗疾病禱於上下勤至請以身代因而有瘳人以田來賣惻然語之曰汝獨無父母妻子耶田賣何活乃稟發賑之其人田卒不賣至今為富人妣戚氏正以從夫義以慈予人謂先生賢自父母賢也先生寛宏樂易不肯發人過人有小善稱之不置口又其甚好客每客至則樂客多愈樂不至則不樂也客賢無遠近識

不識雖躡屩踵門遇之一以貌弗為等級有不賢雖僕馬甚盛未嘗一見焉故客在先生之門必賢也嘗闢廣堂寘鉅樓可帀坐數十人日就與客會飲食客食必肉妻子則蔬也察客有寒色則解裘衣之故客在先生之門無寒飢也及卒之日客無貴賤聞之會哭於其家盡哀而去人往往歎曰惜哉使先生有位其待士如此有不為之用耶有不樹勳業垂休光於後耶吁痛哉其鄉有告以衣食嫁娶死葬勿具疾病不能醫者先生咸賑恤之盡其鄉無有凍餧夭閼露暴及男女過時者甲致乙於訟先生陰為召甲賂之事既解乙勿知也後造門謝先生辭之曰告者妄耳終不以德乙也客有攜其子來其身寒露先生顧謂其幼子曰此兒可憐其幼子即解衣與之先生喜曰真吾子哉其賑人率如此類讀老氏書喜其言遂入其法度地立老子像至羣書無不通悉以資為詩然

為詩直以見志不為深刻且喜飲酒旦從人飲酒至暮未嘗亂或歲時擇勝地集賓客為樂曰人壽會有盡身毋自苦也至元丙子正月乙酉以痰疾卒後十有三日庚申葬於所居北半里先人之兆配顧氏生女二人初以無子以徐氏子為後曰希祖次娶宋氏生子五人長曰希道娶徐氏次希賢即幼子能解衣與人者也次希遠同希賢為道士次希真娶謝氏希傅娶嚴氏女一人孫十有二人東始踰冠時識先生生先生將五十矣不以年倍余長而以為友今老矣銘先生之墓奚辭銘曰可為勿為維有命勿以名殊維考行無位與爵德則盛斥餘賬之斯亦政古聞捉髮且獨聖彼氓教怠卒以病我誠悅士士乃應應其賢翼以正名聲播流寔則稱史雖弗登維論定丙子之歲日月令父尊子卑二穴並綿綿其垂罔終竟後之觀者視楊姓昆陽鄭東譔

金粟道人顧君墓誌銘

金粟道人姓顧名德輝一名阿瑛字仲瑛世居吴譜傳野王裔未必然否也大父以上皆宋衣冠大父仕皇元為衛輝懷孟路總管始居崑山之朱塘里父玉山處士有隐德不仕在養予幼喜讀書年十六幹父之蠱而遂廢學焉性好結客常乘肥衣輕馳逐于少年之場故達官時貴靡不交識然不于家聲三十而棄所習復讀舊書日與文人儒士為詩酒友又頗鑒古玩好年踰四十田業悉付子壻于舊地之西偏壘石為小山築草堂于其址左右亭館若干所傍植雜花木以梧竹相映帶總名之為玉山佳處詩有玉山倡和等集行于世不學干禄欲謝塵事投老于林泉而未能果先是浙東帥府以茂異辟為會稽儒學教諭趣官者至則趨而避之至正元年江浙省以海寓不寧又辟貳崑山事辭不獲已乃以姪

代良佐代任馬又五年水軍都府以布衣起佐治軍務受知董侯搏霄時侯以江浙參政除水軍副都萬戶開府于婁上又一年都萬戶納麟哈剌公復俾督守西關繼委審賑民飢公嘉予有方即舉知是州事朝廷使者銜宣見迫且欲入粟泛舟釣于吴淞江丙申歲兵入草堂奉母挈累寓吴興之商溪母喪于斯會葬者以萬計是歲函骨歸葬瘞于綽墩故隴當時交相薦舉乃祝髮廬墓閱大藏經以報母恩復鑿土營壽藏于山之陽環植叢桂扁曰金粟自題春帖云三生已悟身如寄一死須教子便埋蓋人傳前身是慧聚寺比丘延福又夢中知向一世為黄冠師姚興孫者是也金粟道人由是而名道人娶王氏生男元臣宣授武畧將軍水軍寧海所正千戶今陞水軍都府副都萬戶未任及女妙福贅陸琦次子元禮今授正千戶總細鄉民守本土元貴習舉子業未冠某在

幼一人女二人皆庶孫男二人孫女四人予嘗慕趙岐祝子了身後事趙加敕子刻石墓前皆生而達者吁當今兵革四起白骨成丘家無餘糧野有餓莩雖欲保首領以沒未知天定如何耳今年四十有九且有鵩鳥入室恐傾逝倉卒中則泯滅無聞且欲戒後之子孫以苧衣桐帽棱鞋布襪纏裹入金粟冢中慎勿加飾金寶致為身累故先自志并為之銘曰夫生之有歸猶會之有離譬彼朝露日出則晞予生也于生弗光予死也于予何傷顧言茲宅永矣其藏大元至正戊戌五月廿九日顧阿瑛自製并書汝陽袁華篆額

故王子厚墓誌銘

子厚諱世濬姓王氏蘇州崑山人大父珪父忠義母魏氏子厚生平孝友以親老試吏為州書佐遇事簡直遭時多故念吏不堪為

夙夜感歎遂以洪武元年四月乙丑自沈婁江而死春秋四十有八娶金氏子男二人曰謙曰復女二人壻曰歸德曰全濟孫女四人其父以五月丙申藏其骨於馬鞍山之東岡嗚呼悲夫銘曰嗟嗟子厚離世氛兮發憤捐生從靈均兮返骨山岡償夙願兮陵谷變遷尚永安兮范陽盧熊撰

元故處士陳君墓誌銘

至正十三年癸巳歲五月十一日崑山處士陳仁甫卒明年七月某日葬於古塘北一里岡身之原先是其子允謙以嘉永黄凱狀來乞銘處士諱仁壽字仁甫初姓陸氏陳無子以處士為後陳始居馬鞍山之陽其地曰東城頭宋末因兵譜牒散亾其先世皆不可考延祐間州遷婁江處士以州遷地氣消散乃以擇地新州北鹽鐵塘東居馬父諱亨有才諝沈晦不肯仕處士和易損抑圭鋭

刓盡未嘗使氣忤物或暴逆相加則談笑解之鄉里稱其長者且
素儉制錙累銖積乃至饒給暑寒裘葛雖至敝裂不肯厭棄至於
施予則無少留吝飲食適口即止不求甘肥室處卑隘或勸其易
以閎巨處士曰第免旁風上雨斯亦足矣苟或過侈將何以為子
孫法耶然四時接親好待賓客為美酒嘉肴必極豐備每見富人
多田往往桀驁虐農而過倍取入至其子若孫有不能保者皆是
也常戒諸子曰吾幸有薄田可給衣食苟取倍自益亦止自損耳
今其諸子皆賢守遺訓也世壽六十有二王氏生子四人曰允謙
允讓允恭允敬允謙娶王氏生子三人長曰睿次智次孝孫女一
人允讓娶岳氏生一子曰聰女三人允恭娶余氏生子一人曰聖
安女三人允敬進義副尉平江等處水軍萬戶都府百戶佩銀符
娶王氏生子三人曰明曰德安女一人處士獨以為善稱於鄉使

其人之不爲善者聞之亦可以少媿矣雖其享年不及獨其子孫
衆盛若此將必有顯大其家者尚謂天道之不可信耶銘曰麟也
有定頊也爲犀黑由白分厲以孅分爰視其家亦既孔穀彼由厚
培厚我實用勤維彼皆人愚何可云謂天實高弗予聽聞顧獨斯
人厥循如雲其報曷已川流沄沄閱千百祀永徵斯文

章母墓志銘

章母諱妙觀吳郡張氏之女也其家乘亡逸世系不可考母生而
了慧父母愛之過於丈夫子當行爲選佳壻歸崑山章處士天祐
處士沈厚果毅才可用於世獨不肯仕初家未甚裕自母歸克相
於內由是日以豐大處士欲爲一善母必勸之果往往捐餘賑之
惠及疏親戚甚衆故其鄉稱處士之善者必及章母焉母性慈厚
至御下婢亦啻貸以色雖甚忤意罵詈之聲不出口子使就學常

戒其母嬉笑令子麟讀書甚賢人稱處士善教亦必及於母令其鄉之為人婦與母者取章母為法焉至正十三年歲癸巳八月六日己丑以疾卒明年四月十有七日己酉葬於州西惠安鄉致和塘北先塋之左處士先母四年卒至是始同葬焉世壽七十有七生子一人即麟是也娶張氏名淑貞庶女一人曰德慧適同州朱德賢孫三嫡長曰禧次庶聖保佛住麟嘗從永嘉鄭東遊拜且泣曰麟葬母有日願先生有以銘銘曰爰有家家孔嬴相夫子宏厥聲訓子麟竟有成用刻銘詒於後昭茲往式視章母

故處士夷孝先生盧君墓志銘

先生諱觀字彥建其先龍興武寧人五世祖來平江遂占籍吴縣曾祖諱仁仲字和父祖諱銘字明叔工詞賦鄉舉待補進士考諱有常字元吉以隱約終妣呂氏先生少刻志於學嘗受業於鄉先

生湯公彌昌錢公重鼎之門既卒業客遊江淮間名卿鉅人有欲
舉先生出仕者力辭之隱居教授接人勿以貴賤異或加以非禮
先生恬然不與校曲直遇人喪葬患難雖力不能贍亦必為之盡
心經畫其事親溫清滫瀡不以貧故或少闕莫年抱羸疾猶手不
釋卷吟哦諷誦咀嚌道真益勉飭子孫以讀書修行會母卒先生
不能行喪禮痛慕悲號病日增劇遂以至正二十二年冬十月庚
辰卒得年六十五歲娶同郡王氏子男二人曰熊曰熙女照適清
河傅興孫男二人彭祖充耜孫女一人曰織熊痛惟先生生不能
力學以厚養歿不能顯先幽潛請於門人弟子私謚曰夷孝先生
即先生歿後之十有八日葬於長洲縣武邱鄉先塋之左其友人
陳留申屠衡為之其詞曰是為夷孝先生之宅依其先隴之側惟
詩書世澤亘百世而弗忒者噫彭城錢逵篆蓋

# 元故遷善先生郭君墓志銘

先生諱翼字義仲世崑山右族考友諒為大賈獨善教子妣陸氏先生自少入鄉校從衛培學培故宋參政涇諸孫博學篤行亟稱先生穎悟深加器重先生既壯益肆力於學沈潛百家尤邃於易年四十閉門授徒甞署其受業之室曰遷善曰是吾郭君之所居也先生為文詞必追古作者諷誦思繹雖一字不茍省也其於一時文人少所許予獨稱永嘉李君孝光及天台丁公復所為詩李公亦謂先生之詩佳處與人不同調會稽陽公維楨每以其言為韙先生與俗寡合有力者多不肯薦引竟以訓導老於學宮由是家益窮守益堅攻苦食淡讀書自若也甞自號東郭生又自稱曰野翁所著文集曰林外野言凡若干卷病且革知州高倡偰侯率州人士治其葬事以至正二十四年七月廿三日卒年六十以是

月某日窆於馬鞍山北之中峰因題曰遷善先生郭君之墓妻胡氏長子夔皆先卒次子疇女壻汪思齊陸彝孫男長壽嗚呼先生之生也連蹇不諧於時其歿也貧無以爲葬亦可哀已先生嘗謂熊曰吾死汝爲銘嗚呼有爲而不遂於爲而卒至於斯吁其可悲其可悲范陽盧熊撰并書吴郡王時篆蓋

元故靖夷先生顧君墓志銘

先生姓顧氏諱權字伯衡世居徽之婺源其父達卿始入吴因占籍崑山取婦生子爲崑山人初達卿與雲峰胡先生同里閈心敬慕之期有子當使爲士及先生生見其凝重岐嶷益自喜鋭意教督之先生稍能觀父之志敏力學業不以祁寒盛暑有少輟既壯博習羣書尤究心於易以教授里中子弟多從之遊時人莫不善其父之能教也先生爲人不事矜飾喜哦詩飲酒常頽然自放然

其交際恭遜久益謹蓋未始忤也中歲刻意為文章有古作者矩度雖一字小疵不為茍且其志亦欲以是少見於世者遭時喪亂竟窮無所就以死年不滿五十無子昆弟族人為主後嗚呼天乎先生乃命之如此悲夫先生娶呂氏生子輒夭死買妾得一女尚幼其卒以至正廿四年九月丁亥其葬以十一月丙寅其墓在馬鞍山之北麓其葬事知州偰侯斯教授蔡君基之所具也葬有期日其故舊門人咸痛其有德無後相與私謚之曰靖夷先生而奎與為銘也銘曰善不必有後仁不必有壽彼夢夢兮誰則能究言甚文兮行甚懋嗚呼先生為我能為兮茍在我其奚咎

故朱徵士墓志銘

徵士諱玉字君璧姓朱氏先世自江西來吴今為崑山人祖已上譜逸考諱元妣秦氏徵士幼穎異生十二年遭外艱能厲志樹立

既長喜繪事聞佳山水每脩然獨往數十里不以為難永嘉王振
鵬在仁皇廟以界畫稱旨拜官顯榮徵士從之游盡其伎王君亟
稱許之至順庚午中奉中宮敎金圖藏經佛像引首以進方不盈
矩備極其狀而意度橫生不朿於繩墨人言王君蓋不之過云至
正十有五年清寧殿成敕畫史圖其壁吴興趙雍以徵士輩二人
聞使使召之家道阻弗果上徵士亦既老矣偃蹇一室以圖史自
娱楊維禎先生所為記虹月樓也徵士行内修平居言貌循循薄
於利欲身且老猶精謹如壯者廿五年十一月十一日卒春秋七
十有三娶諸氏又娶支氏子男二人長曰佑賢其幼務德蚤亡女
一人適許氏孫男三曰翬翯犮孫女一曾孫男一曰寧孫女一明
年月日葬其州卜山之西原予聞界畫家王氏以宋元郭忠恕為首冠
偭偝高下一守矩度而王君視筆為人曲折層疊自如度越古人

矣徵士得其傳是可為銘也銘曰名藝之成太平之澤貽爾子孫尚引勿替華亭殷奎撰武寧盧熊書

故處士傅君墓志銘

處士諱翼字仲翔平江崑山人父榮母王氏處士少孤苦既壯業吏事猶不免貧窶其為生甚艱然其志不以是而亟貨利也有一子則使為儒者其所以教飭之甚力曰士而貧何有於阜之富也今其子學成遂為儒家處直士素直義見人善為之喜躍如在己見為非者衆督過之而不為背憎貸人財不能償即毀券弗少吝遇親友飾詞矯貌簡如也春秋六十有一至正廿六年丙午歲十月八日卒娶周氏再娶劉氏張氏皆先卒子男料長女嫁沈源次女嫁陸厚皆周出也孫男杠孫女杼軸以其月十五日葬其柩馬鞍山陰之中峯處士嘗手寫孔孟四表遺令納壙中銘曰艱於生

弗徇世以失渝其子以學去吏而儒今既償其志又將馬求華亭
殷奎撰武寧盧熊書幷篆蓋

盧府君妻王夫人墓志銘

夫人諱蕙字靚之平江崑山人祖諱國器父諱慶詢母花范氏慶詢子女五人而夫人最長得早承家教誦詩識字縫紉烹飪皆精善年廿三為同郡盧府君諱觀之妻禮頌端肅不妄言笑不輕出屏幃甚為姑嫜所重府君孝友能貧夫人相之惟謹其訓子女弗加詈責而悉能有成待妾御未嘗訶叱鄉閭稱頌為楷法府君老且病夫人經年不解帶府君歿後其子熊以祿仕迎養郡中既而卒平江被兵夫人居圍城中憂悸成疾嬰城之日熊被創甚劇遣上道幼子熙自崑山來奉夫人歸里合關法不出婦人仍主於滕君德進滕婦方視夫人如尊嫂親為調護吳元年冬十月夫人疾

革日在辛酉遂卒年六十三貧無以為斂滕君復命諸子經紀其事親故亦多往賻者熙始得葬夫人柩於長洲縣武邱鄉去閶門五里初府君之葬熊為夫人豫作壽藏兵後他家悉發而府君墓獨無恙至是竟合祔焉豈先德之厚陰有以相之抑夫人平昔為善之報固如是耶熊博學有才諝熙亦好修篤行女照嫁士人傅輿孫男三人孫女三人熊既乞銘於曹氏以奎嘗教授府君有契家之誼復俾為序銘曰有子而仕翳親之喜昌養之弗終覆養以死孰衛其藏弗毀於兵今祔於此尚慰而子華亭殷奎製序譙郡曹亨銘豐城余詮書彭城錢逵篆額

孫君墓志銘

君諱元吉字吉卿姓孫氏其族本出富春平江崑山人譜牒散落不可攷次祖諱凱父諱淵妣賀氏君少為吏雅有幹局持心平恕

不肯屈法市恩至於排難解紛誼所當為即奮然不顧利害年四
十便棄去歲計田租所入祭祀衣食之餘日置酒以待賓客遇賢
者至即聽其講論文義令子孫列侍覘其進益間有博弈絲竹之
娛方術藝能之士招與款洽亦不屑也晚年築室城南水上署曰
瓢窩角巾野服逍遥林下人稱為瓢窩道人别號吶翁重罹變故
憂憤形於顏色俯仰傍徨若無所容於世尋自刎死年六十有二
洪武元年戊申歲正月晦日也配邵氏有子三人長曰文德次圭
次基孫男五人某某缺　文德等葬君於馬鞍山陰之原君於
予為先輩君死時予羈客江寧聞問為之痛悼及還里中文德以
狀乞銘其壙予既為志其詞曰霧霾濛澒兮風焱怒之太行險巇
兮荆榛莽之待斯人之獨閔兮慘煩悁其誰語宵耿耿之不寐兮
辰咄咄之無語冒温蠖吾弗能兮孰臭惡之能處與其偭以偷生

兮茫茫絶吭而逝兮孰遺塵乎西山之餓倉已矣乎衆貪婪以苟活兮子獨抗志而莫奪憤世以陋俗兮殺身以殉潔以死爲樂兮謂生可厭豈所欲之有在兮孰云懵懂而非達嗚呼哀哉作善離凶兮不究於年是曰遭命兮非子之愆縱細人之偉兮吾子之安重泉有知兮慰以斯文吁嗟千載兮視此石存

故盧劉府君妻盧氏墓志銘

吴郡盧熊祖妣吕氏之卒葬於崑山縣西北馬鞍山後初熊之姑名柔正者實彭城劉府君諱琢之妻也府君有子輒夭年望五十而殁兩女皆已嫁爲士人妻姑年始四十復撫其孤女三人依熊之父居焉其後熊父爲擇周英徐元爲壻英養於家英妻卒復以季女歸之姑歲時往來哭熊祖妣焉哭熊之父焉哭熊之母焉而姑亦老矣洪武建元戊申熊自江寧奔母喪還未幾而姑遂卒焉

嗚呼其可悲也已劉府君葬吴縣高景山今既不克祔葬遂奉其柩葬於呂氏墓次今年庚戌始勒石為志而俾熊書之熊之曾祖鑒宋平江府待補進士祖有常隐居不仕其先龍興武寧人也銘曰盧女劉婦字幼楨家世儒者耀厥聲弦琴誦詩壺範成相夫祀事致潔清孝慈婉順播德馨嫠居廿載難成生撫育外孫惠均平世壽六十有四齡屠維作噩届朱明下從慈母歸冥冥中峯之藏維永寧

故俞府君墓志銘

崑山俞府君以洪武三年某月十有七日卒年七十其月二十五日葬於縣城南積善鄉先塋之次其諸故致詞友人盧熊曰先君葬有日敢請銘按狀君諱謙字謙甫早有志操既長能樹立習法律為吏性剛直臨事奮身不顧利害人有善取為己師不善疾之

如仇面折人過失不少貸其奉親事兄一以孝敬濟窮恤孤意亦周至衆由此稱之年望五十即退休於家曰吾衣食粗給苟伏臘之計不遺以悦吾親斯人子之志矣矧敢妄求耶遂卜室南闉外屏絶外事以産業畀諸子人益賢之會有誣君幼子嘗隸軍籍牽連者十餘人悉送兵部君亟走訴中書咸得釋以歸未幾君又以事至京師遂病寒急反比至家三日而殁君之先蓋杭之臨安人父洪爲平江路驛吏始家崑山馬君娶陳氏子四人思敬思聰思義思誠孫男二人鑑鏞女四人初君未有子熊先祖元吉父謂之曰君孝慈方直立心不欺天將畀之多男子矣今諸子皆賢孫息蕃茂天之報施善人豈不信夫銘曰志皦皦兮列秋霜譽洋洋兮著鄉邦有子孫兮而熾昌猗作善兮有餘慶尚不朽兮視銘章范陽盧熊撰

# 周府君墓志銘

府君諱允升字吉卿姓周氏其先常州晉陵人七世祖世德宋南渡時始遷平江之崑山居焉曽祖天驥娶盛氏祖津娶袁氏治詞賦端平元年嘉熙四年鄉試兩舉待補進士惟介直好施予貧者資以粥藥棺櫝作輿梁浚井渠悉無所吝嘗刲股救父疾或以義責之曰父母遺體豈宜毀傷然因所予者還以奉之詎為過耶竟以高壽終父大任元建德路壽昌縣儒學教諭自號好山居士居士先娶葉氏生男二女一再娶陳氏生府君及三男一女府君家世為儒而以醫術名于鄉邑能謹飭勤儉不妄交游兢兢守業不墜以卒疾於洪武三年七月十七日年六十三子一人曰英女為孫元亨妻先卒孫男二人女二周氏世有祠墓曰奉思菴在縣西大虞浦上祔於宋紹興中至是府君亦祔焉府君之妻王氏余從母

也故為志云范陽盧熊造并書

故閑邪居士楊君墓志銘

君諱誠字敬方姓楊氏其先中州人父諱榮自揚州來東吴與民數於崑山母馬氏以延祐三年八月十日生君君生裁數歲喪父嶷然能自挺拔不與常兒羣甫弱冠以養親為州書佐為人狷介寡合不肯伍餘子下視之既而曰吏果不可為也輒棄去築室婁城之南躬事田業為隱居計聚經史羣書種竹灌蔬將老焉而州縣知君方敦迫君為曹吏俾治田賦既集事即謝歸里舍一旦逮君京獄竟以洪武四年六月廿六日死於應天府江寧縣治年五十六其子綸權厝君聚寶門外之篁家山其年冬十有二月甲辰歸藏于崑山惠安鄉曲水之西君娶鄒氏又娶陸氏子男三人長曰經次曰綸約女四人長適周素次錢杙次錢家次許毛嫁毛

程君居家整飭肅然有嚴君槼度讀書惟獵取大義不事汎求晚年尤好二程朱子書手之不忍釋以及軒岐孫吴學皆能造其閫域自號閑邪居士既葬謁奎為銘奎聞居士死良其為善而得禍言之未始不泣下今其請又奚忍辭故為之序范陽盧熊銘之詞曰嗚呼楊君才猷之懋兮胡迫於州縣亮直之槩兮胡困於罪讁匪我求兮胡自衍嗟何尤兮罹此變嗚呼楊君知命之達兮抑又何怨長平殷奎著文范陽盧熊書齊郡周紳篆蓋

周伯延墓志銘

故周君諱英字伯延之墓在太虞浦東若干步伯延之先由常州晋陵徙平江之崑山曽祖津來端平缺　　試詞賦兩為待補進士能以孝義聞於鄉祖大任元建德路壽昌儒學教諭父允升謹恪守先業二世以醫名家而伯延之學益閎博深奥人多敬慕之

洪武六年癸丑以醫局事繫府院中夏六月初三日以疾卒明年
甲寅春二月祔馬伯延之生以元至順元年庚午九月二十日得
年四十有四兩娶劉氏各有一男一女男曰冕曰安定女曰某曰
某其葬也冕衰絰拜哭以祖母王之命俾其内弟盧熊爲銘詞曰
猗若人業孔茂行修飭資篤厚困獄吏非其咎竟不禄命所取捐
孩兒哭慈母月丁卯日癸丑大墓旁葬北首潛德存昌厥後述銘
文庶不朽

故張公墓志銘

張公爲吴望族居崑山者由唐禮部尚書後嗣顯其孫鑑相崇陵
並載列傳宋末暨元蕭墅之張益蕃衍公諱伯英字伯雄一諱伯
庸世居蕭墅曾祖考諱某元初率民歸附即軍前授把總祖考諱
振祖隱德弗耀父名傑前水軍府千户妣吴氏公美風姿有器識

忼慨尚節義宗姻鄉黨有空乏者周之閭閈有罹非辜者直之有
喪不舉及流寓不能歸者賻之贐之由是里中翕然稱爲長者然
不樂仕進至正丙申薦離多故遯跡田里務農積穀以盡仰事俯
育之道乃延師教子相與講明經史又能以人生年月日時支干
生尅推測休咎嘗謂其宗人曰歲在癸丑吾其殆乎果以洪武六
年六月二十有三日以疾卒於應天府之上元縣孤子綸函骨以
歸八年乙卯九月四日辛酉葬於崑山縣沺川鄉蕭墅西原先塋
之左公生於天歷己巳正月三日配蔣氏克勤於内公賴焉子四
長曰僖娶羅氏次即倫定婚於吴曰偉曰侶女一人淑貞皆細幼
公始弱冠即以幹蠱閫田廬有加於昔建倉鳳陽府一出私帑務
以周人利物爲心宜膺壽考噫天之不可必者而遽止於斯也悲
夫遂系之以銘（銘）曰德積厚惠於施博厥報乃食若播之不獲卒隕

於客不隕者存再世而振子孫繩繩袁華撰并書篆額

楊子經墓志銘

崑山楊氏之子曰經字子經少從予授小學讀書穎鋭異於常兒其父自號閑邪居士剛嚴可憚家廷之間進退有度一言一動不敢苟且率畧鄉里皆期其有成年二十餘復罹家艱能其與弟持門户有司推擇爲方石長以督責兩税竟以罪死京師年二十有五實洪武七年八月某日也及其喪還弟綸歸葬於先塋之側嗚呼哀哉楊氏子裔出宏農子經之先居揚州江都祖榮始爲崑山人父諱誠尚氣豪邁即居士也子經以至正十年庚寅六月廿四日生洪武十年丁巳三月某日葬適母鄒氏生母陸氏妻繆氏女一人曰瑶嗚呼予托交居士數十年其居處進退不蹈于流俗而父子相繼以死豈厄於世運而致然歟將稟命修短一繫於天歟

蓋不可得而知也因系之以銘其詞曰幼學壯行志不獲騁風霜激烈摧彼朝槿歸來故鄉靈或未泯勒銘幽泉有涕斯隕范陽盧熊撰

錢瑞妻章氏墓志銘

處士錢伯祥甫之妻章氏德貞祖諱敬又諱俊母胡氏德貞生延祐五年戊午四月二日年十有六歸於錢氏崑山在宋多故家衣纓文獻為諸邑冠若開封之鄭濮陽之張陳留之阮高平之郁皆是也錢本出郁氏房族甚繁德貞既廟見能以禮自防舅姑妯娌宗族鄉鄰咸稱其賢惠奉祭祀饋賓客必以身先之洪武七年甲寅七月二十日以疾卒年五十七有子輅清修好文孫男嘉女蓝以是年十二月十五日葬於縣治之西南郁氏先塋之東北詞曰猗錢嫂壺職修相宗事承世休婁之江崑之邱勒茲文識諸幽范

陽盧熊撰

# 名蹟録卷五

明朱珪撰

## 雜刻

### 快哉亭帖

軾頓首昨日快哉亭與數客飲至醉才歸辱簡不逮即答為愧春生雪未計尊體起居佳勝新詩甚清刻病酒不敢率易趁韻幸少寬限否因書見過如何如何不一軾再拜忠玉提刑執事

### 拜石壇記

瑛素有石癖見奇峯怪石輒徘徊顧戀不忍舍去或百計求之不得者必圖寫其形似標諸艸堂壁間以為几格供後至元戊寅四月下澣訪老僧岩叟于東城之菴菴即故宋周太尉宅斷垣之外燕麥中有假山在焉遂披榛約棘褰衣而登其上羅立諸峯已為好事者挽戴而去獨有一石似壁而失其左股欹卧于高梧之下

有坡老題識觴咏之語易之以粟歸而立諸中庭左暎右帶無非松竹芭蕉枇杷之屬多者書帶艸耳石之挺挺拔拔如老坡獨立于山林丘壑間愈見其孫孤標雅致也瑛加之拂拭永為子孫寶玩明年奎章閣鑒書博士丹丘柯敬仲下訪見而奇之再拜題名而去丹丘詞翰鑒博有元之元章也于是砌石為壇字曰拜石後三月而御史白野達兼善來觀嘉柯之逸遂為作古篆拜石二字于壇又隸寒竹以美其所此石之名由是愈重然皆未知所紀之詳至正乙未之冬周履道秀才自梁鴻山攜贈老坡手帖讀之乃是荅忠玉提刑快哉亭飲後移者上有賈秋壑私印其辭與紀石甚肖嘗記大全集中有次王忠玉游虎丘詩有連日與王忠玉諸公游西湖次韻詩有次劉景文荅馬忠玉詩蓋當時有兩忠玉馬然莫知其孰是及考宋史元祐四年坡為翰林學士兼知禮禮部

以論事積當軸者恨故請外拜學士龍圖閣知杭州以避朝謗也
瑛想老坡風流曠邁行千里間有名山勝水豈不與友朋醉酒賦
詩以暢其意又考諸雜録忠王乃王規父姪孫先坡在維揚後坡渡
江老坡答其詩有及君未渡江過我勤東燭之語是則書所記者
王忠玉無疑矣然後知石乃維揚故物帖則王忠玉家寶也吁石
之在山不知其幾千萬年因坡之題鑿而出山者又不知其幾百
年帖之壽又非石比兵殘火毀展轉流落人手者亦不知其幾百
年今一旦二美並來抑神物有所會合耶吾玉山有所際遇耶又
思丹丘白野不二十年皆仙去坡仙有靈豈能不於風清月白之
夜挾二公同逍遥于此壇乎瑛亦豈不能摘古阮酹一尊于此壇
乎不因此石其能永傳敬書此記俾伯盛朱茂才刋于他石使後
之覽者知石與帖并拜石壇有所來自云至正丙申正月五日金

粟道人顧阿瑛書于玉山草堂

奇石銘

厥色斯蒼厥質斯剛元氣胚渾陰陽互藏有巖嵩華倬彼太行匆伏爲虎匆起爲羊説法點頭扣之庚庚大蘇之誌海嶽之狂異世同符拜爲石兄永千萬年鎮兹玉岡河南陸仁製

題拜石壇詩

眉山三蘇宋儒宗長公矯矯人中龍南遷儋耳西赤壁文章光燄超洪濛快哉之亭雪初霽領客登覽山川雄自云平生不解飲胡乃一舉釃船空和詩寬限見真率鑿厓題石摩蒼穹功名富貴一丘土斷碑殘素傳无窮吁嗟異物神所衛玉山合璧儀相逢奎章博士丹丘翁江南放逐驚秋風見之即下米芾拜二顛癡絶將無同築壇山中加愛護樹以松桂連椅桐雨窗雲戶濮寒翠朝闌暮檻

開青紅白野御史龍頭客青年獻賦蓬萊宮戲將秃穎寫蟠尾斷
釵折股星流虹祇今風塵暗河岳王侯第宅皆蒿蓬牙籤玉軸映
竹素好事獨傳吳顧雍婁東朱珪鐵作畫字字玉屈蟠蝌蟲嗟哉
昔人今已矣慘淡故國風煙中如何二子復嗜古策勳妙墨收奇
功我來再拜重太息蒼蒼古雪吹長松登壇絶叫浮太白酒酣目
送飛孤鴻汝陽袁華

好事久傷無米顛清泉白石亦淒然快哉亭下坡仙友拜到丹丘
三百年拜石壇主顧阿瑛製

金粟道人小像讚

謂其有意于榮進與詠歌彈琴誦古人之書謂其潤畧于世故與
能擴先世之業昌大其門閭道遥戶庭名聞京都忽自逸于塵氛
之外駕扁舟于五湖性印朗月身同太虛非欲會元覺于一致而

貫通于儒者耶倪瓚造戊戌八月法喜精舍北樓

儒衣僧帽道人鞋天下青山骨可埋若説向時豪俠處五陵鞍馬

洛陽街顧阿瑛自題

爽溪樓詩

殿閣連雲接爽溪鐘聲遠與鼓聲齊長安若問江南事報道風光

在水西右唐宣宗避地所作周伯琦爲僧克新書

戒石銘

爾俸爾禄民膏民脂下民易虐上天難欺黄山谷書崑山州知州

史文彬重立

天蓬讚

粤始天造孰形以隆範形一定天協于公維形匪形萬有不同帝

所之聖其魁曰蓬作帝良能賦此異躬部以丁甲雷聽風從扶樹

忠順剔除妖凶闢翕陽陰和合雨風斗應喉舌彗伏梧衡丹霏夾日紫氣流龍祝鼇弟子受法靈宫畀汝心汝印其罔感不通太上弟子張天雨發香藏宫弟子楊維楨造吴睿書

賓諫議陰德録跋

賓諫議種德之厚既身享富壽而又獲五子俱顯之報由是觀之天道福善其可誣乎文正范公悉録其事蓋為天下後世勸也今刻斯文以廣其傳使人人得覽而興起為善之心亦世教之一助也元統二年歲次甲戌春華陽思義識太原王時書濮陽吴睿篆額

梅谿説

梅谿者沈長卿自號也長卿因官游自越而吴僑居甚久不遠數百里致書于予以其自號者求予為之説頃予起于既老承乏詞

林年侵學落無能爲役納祿而退五載于兹諸公貴人莫不上體
朝廷閔其衰耄放令還山之意未嘗横加虐使邇輕薄小子僞爲
予文者所在有之俗筆无知但喜其獻諛取媚而甘受其欺罔長
卿不察遂疑予尚未焚筆研猥以此見驅役予年垂八袠氣息奄
奄安能效三五少年東塗西抹爲人作春妍乎雖然長卿之來意
則已勤不可以不答也昔永嘉王公龜齡自號梅谿王公狀元及
第歷侍御史至太子詹事爲時名臣其文章事業海内之士無不
斂衽心服先儒朱子尤敬仰焉所撰梅溪集序稱其光明正大疏
暢洞達求之古人惟丞相諸葛武侯工部杜先生尚書顔文忠公
侍郎韓文公參知政事范文正公五君子可以爲之比其高風盛
烈遠今二百年猶凛凛也長卿翱翔于仕途見其進未見其止俟
他日至王公地位然後挂冠而歸從容領畧梅溪之上攬幽芳挹

清流詠水部之詩誦廣平之賦而和以武夷之櫂歌彼士大夫嘖
嘖誇詡曰彼亦一梅溪此亦一梅溪王公不得專美于前矣奚必
大早計而求予為之說為王謝爭壞古令佳話有為者亦若是長
卿勉之予之說止于此長卿試以為然則始〔姑〕附于卷末幸勿謂予
前言戲之耳至正甲午八月朔旦金粟山樵者黃溍撰封禺山樵
吳睿書

實際川禪師影堂逸事

余觀永懷重修記所謂行人道川者玉峯狄氏子始為縣之弓役
聞東齋謙首座為道俗演法遂從之習坐因上元郎官欲空其獄
張燈縱市人遊玩以罪囚繫于狄家狄謂囚曰汝曹欲入市觀燈
乎囚喜狄悉縱之囚竟逃去明日聞于官尉怒笞之狄于杖下大
悟去依永懷翦髮為頭陀未幾主僧遣之至江滸市木建諸天閣

木商問市木何為者曰建法堂諸天閣商扣之玉峯有狄押獄今在否狄笑曰我是商羅拜之曰公我輩恩人也蓋衆商昔日羣曰囚也商曰我當以建閣材本報公之德一日送至公歸勿言至期狄出寺視河左右皆巨木也閣由是而成始者建閣之意中為井闌諸天環繞其上下安寶華王座為住持者升堂説法以表諸天之空中拱聽也閣成狄復依謙於東齋謙為改名曰道川且曰汝舊呼狄三今名道川川即三也此去能豎起脊梁了辦箇事其道如川之增若放倒依舊狄三矣川銘于心建炎初道川游方至天封參蹣菴成禪師機鋒投合菴印可之復因東齋道俗欽敬有以金剛般若經請問者川為頌之今盛行于世隆興間殿撰鄭公喬年漕淮西適無為軍治文虛席命川開法一香為蹣菴供冬至上堂云羣陰剥盡一陽生艸木園林盡發萌惟有衲僧無底盋依前

盛飯又盛羹川號實際加嘉泰普燈録載師為僧出世因緣不載永懷閣建之事而建閣一段佳話予聞之于覺齋王真人非妄傳也予參合普燈與王真人所傳以為川禪師影堂逸事若入在記中詞繁文彩只收為逸事則不失禪師建閣之功德也今岳雲望師一新梵宇豈非川禪師之再來也望乃靈隱普覺獨孤禪師之子予之猶子也至正九年己丑仲秋前玉几松月道人正印書時年八十有二

秘閣銘

秘閣銘右軍書大舜琴一腕之力汝所任盧熊篆

簫銘

截翠岐于渤海吹紫鳳于崆峒起一緒之要妙宣八風於神宮東維叟製王時篆

鏡銘

資爾融明合禮頌美與厲惟其公毋物以室无垢以蒙嗟爾之用

唯有維終鄭東造吳睿書篆

拄杖銘

九節枝得之婁江之上其日乙未癸丑仲夏員邱岌業兮雲南在

下噫我與爾俱變化倪瓚造盧熊篆

# 名蹟錄卷六

明朱珪撰

附贈言

## 贈朱伯盛詩序

士不用於世必有所託焉而隱者雖一藝之微一事之卑皆不恥爲之故往往有託於農圃巫醫商賈羣工之中蓋維求其可以自晦而已又庸計其高卑可否而後處其地哉吴郡朱珪居婁江之旁無他嗜好獨喜周籀秦斯篆畫之古取石鼓嶧碑之文習之既久而盡悟其法因善爲人刻印賢士大夫多就珪求刻焉珪之言曰吾聞位高者身危禄富者憂大名盛者毁隨彼有自始壯而仕至髮落齒脱而不知止及其遭疑忌而廢斥觸刑辟而戮辱於是時也則雖深咎極悔已無極及矣今刑吾耑吾意於篆畫惟求其無部分之失旁從之譌而無戾夫古人制作之義吾過亦寡矣若

珪蓋有託焉而隱者歟永嘉李孝光吴郡張雨作詩以貽之珪不絶於當世賢者則其爲人又可知矣故予系之以序至正十四年四月昆陽鄭東書

知君用意出雕蟲自較明窗小篆工爭鑄方銅刻私印姓名僅了百年中　張雨

舞鳳蟠螭追遠古雕鏤纖妙入秋毫佩身可比玉剛卯贈汝愧無金錯刀　李堯光

子刻印如刻秋毫轉折變化手縱操蠏匾神凝李斯篆肯綮悟妙庖丁刀漢章舊製蟠龜鈕魏武新書虎豹韜太史周南縱留滯劍文仍欲洗金膏　鄭元祐

煒煌金石刻鬱崛蛟螭文猶遺姓名在蕭然秦漢分寶玉道幾息瑰奇散如雲朱翁業古藝千古挹揚清芬　雲林生倪瓚

門前索印索如適一榻西山對酒壺池看科斗春波活樹養珊瑚雪影扶縱有黨碑名肯附只躭奇字手親摸幽居巷裏時相見清比詩人骨更臞 郭翼

神斧磨天割紫雲仙葩殞玉發奇芬靈書寶訣開剛卯不數人間小篆文

畫刻輸君總色絲前身想是伏靈芝虎頭食肉原无相鑄鈕休傳左顧龜

我家金粟道人章瓦款蟠螭識未央千古典型今復見佩之何必獸頭囊

鏤玉鍍金與錯銀盡將工巧失天真君能獨埽雕蟲技定品當年合入神

伯威朱隱君予西郊草堂之高鄰也性孤潔不佞於世工刻畫

及通字説故與交者皆文人韻士予偶得未央故瓦頭於古泥中伯盛為刻金粟道人私印因驚其篆文與製作甚似漢印項又以趙松雪白描桃花馬圖鉤勒於石精妙絶世大合松雪筆法惜其不得從游於松雪之門使茅紹之專美於今世因題四絶於卷末以美之伯盛勿以予言為譽後必有鑒事者公論也至正十七年中秋日書于玉山草堂金粟道人顧阿瑛書

朱生心似鐵篆勢藝彌精應手多盤折纖毫不重輕么麽形獨辨蟠屈勢初呈漢印規模得秦碑出入明風流金石在潤色簡書并餘刃庖丁解風斤郢匠成達觀應自我賞鑑足平生趣刻無多訝因君託姓名錢唐陳世昌

白首躭書更不忘鵠文蟲篆爛生光高人為賦峩冠石太史曾題琢玉坊野屐踏雲閑訪竹春簾迎霧静焚香别來又泛松陵櫂渺

渺輕輕鷗江水長盧熊

少林心印元無文刻雕無乃傷其真太朴未分親見得伯盛妙手何超倫千聖頭邊不一印猛虎插翼龍奮迅疾欻過風正令行不妨堪當如來允釋清欲

西祖傳心不以文伯盛用之心更真印空印水印泥也左旋右轉世絶倫鐵牛之几即此印石火電光何足迅得之於手應於心聚螢讀書笑車允釋智寬

方寸鐵錢逵篆

方寸鐵志

吴門朱珪氏師濮陽吴睿大小二篆習既久盡悟石鼓嶧碑之法因喜為人刻印遇茅山張外史外史錫之名方寸鐵持以過錢塘訪予於吴山次舍求一言白其所謂方寸鐵者予笑曰予方以鐵

石心取乖於世而子又欲乖吾之乖乎雖然古之豪傑修己以治人者必自方寸鐵始黄金白玉可磨此鐵不可磨也予以是鐵印諸金玉銀鋼犀象使佩之者皆無愧于是鐵外史氏心印之教行矣吁豈直無悖於篆畫夭戾夫古制也哉今之妄男子釋蹻起閭巷取封侯印如斗大咫尺書驅使帶甲百十萬如金翅鶚逐百鳥無一敢後者金印之權重矣哉吾不知果能為天子翦狂寇佐中興為生民開太平无愧於汝鐵不則徒以苟富貴不至於腐尸滅名不已使得珪方寸鐵印斯可以蒙金斗而壽榮名矣珪或為今軍將刻符印其亦以是告之至正十九年秋七月八日李黼榜同甲進士今奉訓大夫江西等處儒學提舉會稽楊維楨志并書

方寸鐵銘

婁東朱珪字伯盛工古篆籀文其于六書之義弦之尤詳嘗以餘

力刻印章則為吴中絶藝閒遊錢塘遇句曲外史張雨名之曰方寸鐵蓋以喻其能堅其志操期以進乎道亦若桑國僑志于鐵硯之鐵云雖然科斗書廢已久必以篆籀為師法漢隸而下不在論能復其古其庶幾朱君乎朱君與余相遊從嘉其志操之日堅今年予來玉山中晤朱君之書法益有進是猶張旭悟公孫大娘之舞劍器也見其刻玉石如切泥則又若漆園氏自詡庖丁解牛而得肯綮也張旭得於舞劍庖丁得於解牛吾知朱君得于書而悟外史方寸鐵之旨矣遂述其事而為之銘銘曰聖人作人文開龍馬出榮圖來神農氏尚結繩氏勿犯俗庬淳史蒼頡肇有制譬孳乳乃曰字越夏商歷周秦科斗廢篆籀臻漢而晉書變作唐風婾政日惡曰逮今邈寥寥事刻畫昆吾刀鐘鼎隳石鼓頹心太古妻朱珪至正庚子夏四月廿有六日河南陸仁造

天地爲爐陰陽爲炭鐵方寸鐵非柳下鍛剛不可屈堅不可磨侯剛侯堅利用實多仝欲以之剳食月蝕璟以之執諫剛過於崇惟善用者爲衡爲權稱物平施錙銖勿偏嗟爾有此獨藏于密以桑之硯改而爲筆摛詞琬琰百錬其工剔去魯魚斯文有功彼寸鐵兮人孰無之欲偉其器槃鑪與錘寧小爲錐勿大爲錯凡伯君子勿由外鑠昆陵謝應芳

方寸鐵頌

槃方寸鐵娩昆吾刀遊刃發硎妙契縱操六書奥旨探賾捐勞史籀秦斯作則孔昭翔鸞翥鳳騰龍騫蛟爲印爲章奎壁麗霄文苑藝林世賴崇褒我頌匪私永言不佻至元庚子八月十八日淮海秦約造

方寸鐵詩

朱君手持方寸鐵橅印能工漢篆文并翦分江龍噴月昆刀切玉
鳳窺雲宅年金馬須承詔此日雕蟲試策勳老我八分方漫寫詩
成亦足張吾軍至正辛丑八月朔平湖草堂中寫隴右耜經上
蒼頡著書觀鳥跡白日能令鬼神泣何如朱生手中一寸鐵文章
刻遍山頭石山石可移心不移生精此藝將奚為生言平生苦心
力過客摩挲那得知願將此鐵獻天子為國大刻磨厓碑為國大
刻磨厓碑　盧陵張昱

人心何為患多岐方寸之鐵貴自持百鍊耿耿明秋暉彼柔繞指
惟詭隨朱盛明勁真吴兒法書鐵畫過李斯晴窗握管儼若思學
成變法出愈奇鐵耕代筆猶神錐用之切玉如切泥孤忠不愧月
食詩清便更賦梅花詩詞元祐黨碑我所非驢鳴犬吠吾所嗤雕
蟲小技用兒嬉屠龍妙割嗟奚為盛乎盛乎知不知北南車馬得

得來太書深刻磨厓碑至正二十年庚子歲夏六月初吉天台氏
元鼎造
袖裏昆吾一寸鐵江南碑碣萬家文玉符金印雲臺將大篆煩君
為勒動雲間陸居仁
十年兵興徧天下石火山大羅浮野大火燒盡秦漢碑咸陽鬼哭
無人打故人吳睿業篆隸好古乃有如珪者妙刻金粟道人章尤
工白描桃花馬金印徒聞如斗大零落當時建章瓦君不見黃鶴
仙伏靈芝北海久長高聲價武夷山樵者錢惟善題於海嘯軒

靜寄軒詩三首

靜寄軒中无垢氛研苔滋墨氣如雲匣藏數鈕秦朝印白玉蟠螭
小篆文
獨行應如魯獨居心同柳下孰云迂從教鄰女衣沾濕試問高人

安穩無
身似梅花樹下僧茶煙輕颺髩鬅鬙神清又似孤山鶴瘦骨伶仃
絶愛憎

朱伯盛甫小像贊

遊乎古六藝之(書)林業刻符而工摹印善學(類夫)獨居魯之男子身不娶
而能忍貧飲沆瀣而為(踵武)騷友寂寞而與鄰瘦骨昂藏老鶴精神善
追踪西塞山前之漁寄跡桃花源上之民者歟(非耶)辛亥十二月倪瓚
書

臞然如昨秋風野鶴老矣於今孤雲遠岑執有道之躅不娶終身
何身之卓求古人之心不刻黨碑何執之深吁此其所以傲兀乎
變化吁此其所以膏肓乎山林華亭殷奎製

印文集考序

摹印之法六書之一也徵諸史傳其制作之大畧可睹已自唐以來人不師古私印往往繆戾至於近世極矣大德中魯郡君吾子行父因六書之學畧舉其要而人稍稍趨正先生與承旨趙公又各集為印譜可謂信而有徵也鄉人朱珪篤志于古嘗從錢塘吳睿師授書法凡三代以來金石刻詞靡不極意規倣暇日又取宋王順伯并吾趙二家印譜旁搜博取纂為凡例并吳睿等所書印文及自制私印附焉名曰印文集考閱以示予予謂私印之作固書學之一事為士大夫者罕習知之而況上窮蒼史神明之奥以通造化之原者哉宋宣和間嘗修博古圖至於鏡鑑泉貨之文亦亦頗著錄然猶未采印文也至王球嘯堂集古錄昉有之近世曹南吳忠淳刻學古編僅存古印數十而莆田鄭煜又集印文七十餘鈕模刻傳之名曰漢印式所撰序畧無所依據繆為廣傳之詞而

失其要領又自以所制附後舛繆尤甚其所稱唐張彥遠宋李伯時王子弁近時吾子行失其本又不知何說也大概前人志於存古所輯不能無醇疵其多者既不能廣傳而簡畧者又無以考信千載之下又孰能辨某印為漢魏某印為晉唐而當時作者豈盡出於蔡中郎李少温之流乎茍非識見之博考訂之審使玉石錯雜涇渭混淆如鄭煜之繆者亦何益哉今朱君所著點其背戾存其簡約集為成書誠篤志古學而有益於當今然蒐輯有年適值兵革頗有散佚識者恨焉今所存若干篇釐為一卷貽諸好事俾予序首珪字伯盛清淡寡慾五十不娶翛然有出塵之志永嘉李季和清河張伯雨會稽楊廉夫昆陽鄭季明咸所嘉尚云至正廿五年乙巳秋八月朔吴郡盧熊書

印文集考跋

今世士大夫名印謂之圖書即古人私印其制吾竹房三十五舉言之甚詳然未有關世道處如漢人以五字為例豈無所例乎國初制度未定往往皆循宋金舊法至大德間館閣諸公名印皆以趙子昂為法所用諸印皆陽文皆以小篆填郭巧拙相稱其大小繁簡儼然自成本朝制度不與漢唐宋金相同天歷至順猶守此法斯時天下文明士子皆相倣傚詩文書簡四方一律可見同文氣象甲申乙酉間予在太朴危先生之家始得江右吴主一所鑄印文曰危氏太朴曰臨江危氏用於文字之間皆是陰文不用陽款名曰漢文印章有不合此法者謂之不知漢法不二十年天下不謀而同皆用漢印矣甚至搜訪漢人舊印如關内侯軍司馬部曲將印別部司馬冠軍司馬等印用於自己名字之間以為美觀以為博古殊不知以今人而為漢人居今官而佩漢印不祥為

甚且陰文屬兵象漢舊印又皆用武之印尤為可怪數年之後天
下紛紛多事聖朝廷用武文士皆出總戎被介冑縣將軍印綬不
復優游文事矣右附廣東觀餘論押瓦部所論朱伯盛好考古篆
籀之學與同郡錢翼之父子及陸友仁吴孟思盧功武講論甚尤
善倣古名刻及士大夫勒名金石儼然三代制作氣象予為之言
此使知其勢雖若緩而可以觀世道之變雲門遺叟張紳

館閣諸公無不善用名印雖草廬吴公所尚質朴亦所不免惟揭
文安公絕不用其制吾竹房論著甚詳然其所用却又不合作趙
文敏有一印文曰水精宮道人在京與李息齋袁子方同坐適用
此印袁曰水精宮道人正對瑪瑙寺行者闔座絕倒蓋息齋居慶
壽鮮于郎中一印曰鮮于伯幾父吾子行曰可對尉遲敬德鞭滑
稽大約相同子行嘗作一小印曰好嬉子蓋吴中方言一日魏國

夫人作馬圖傳至子行處子行爲題詩後倒用此印觀者曰先生倒用了印子行曰不妨坐客莫曉他日文敏見之罵曰箇瞎子他道倒好嬉子是太平盛時文人滑稽如此情懷可見今不可得矣予座主張先生仲舉在杭曰一印曰平阜鶴慶叟蓋用杭州三山名臨平阜亭黃鶴也古人亦有如此奇者如雲煙過眼録載姜白石印文曰鷹揚周郊鳳儀虞廷蓋以其姓氏作隱語辛稼軒印曰六十一上人又以破其姓文米元章書史言劉涇印曰劉巨濟符符字亦好奇耳雲門山樵張紳書朱伯盛印譜後

字原表目跋

右朱珪所摹吴孟思篆書字原壓説文表目也孟思嘗爲胡膺寫説文解字一部既成且謂託熊分註其下今書藏吴氏然猶缺其汪字未完珪愛其篆法摹此五百四十字求予小楷補綴其間因

為改正譌誤珪嗜古好學予於古今印文序言之詳矣茲得以畧
武寧盧熊記

字原音訓跋

吳郡朱伯盛讐校字原音訓授其甥孫延年講習之求予繕寫成
帙其意倣郭忠恕石本凡例蓋忠恕用少温所修而伯盛一依說
文定本其用心亦厚矣後之覽者毋以淺近而忽之南昌盧熊記

題朱伯盛所藏吳孟思書三體心經

褚河南書心經石刻所傳今亦罕得予嘗一見可謂似人者喜况
親御翰墨跡耶孟思以鐘鼎篆隸三體書心經嚴勁清潤有商周
秦漢之遺法吳朱珪氏工篆字故孟思寫此以贈珪當為入石傳
諸後世詎不以河南視也烏乎珪氏為吾寶之河東張翥書於武
林史局

世間精妙之物見者莫不撫玩嘆賞何者其立心不苟則其勢久而必精物之精者擬諸造化夫孰能少之乎此卷備三體而各臻其妙非與一世周旋於法度之中不能及也吾鄉自褚河南後能書之士鮮克擅名今得吴睿篆隸自當出色前有張叔厚白描觀世音像併為二妙宜珍襲之得其卷者婁江朱伯盛氏至正辛丑重陽後一日錢塘陳世昌書於禾興水西寺之寓舍爽溪樓

右濮陽吴睿孟思所書三體心經一卷梵義宏深間不容喙所可議者古文款識見之三代鐘鼎大篆見之周石鼓秦權斤度量漢隸最廣惟蔡中郎石經深可師法後世宗尚不一務奇成怪變雅為俗無復古人渾厚氣象豈世道日趨下歟良可慨已予聞孟思先人玉溪翁好游其家故多秦漢石刻用力既久色色精詣自吾竹房趙松雪虞道園以下便為第一手昆山朱珪隱于方寸鐵蓋

亦黄鶴仙伏靈芝之儔也寳藏此卷不以輕示人宜及其目力勒諸堅珉以傳好事亦盛德者之用心也金粟道人尚克相於成焉
隴右郑經拜手謹書

摩訶般若波羅蜜多梵語也此翻大智慧到彼岸心也者即一切含生本有靈覺之性也迷之則永沈凡下悟之則遽為聖賢觀自在菩薩者即能行此而悟明之人也以是而度一切苦厄者即到彼岸之時也此經流通末世書寫受持若家户諭而户曉求如吳孟思之筆端三昧則不可得矣後世閲是卷者或能因公之書而能了悟此心如睡夢覺如蓮花開朗然凡聖悟迷之表則孟思之書不虚設矣至正廿一年二月十五日南堂沙門清欲拜題

予友朱君伯盛精字法悟空相故濮陽吳孟思為書三體心經以贈前有淮海張叔厚白描觀世音像引首久欲題識而觀其人適

與予同訪了翁菴禪老伯威出此卷一見而了菴言下意會即拈
筆一一重為指出信當世之三絕也伯威又欲予證明予以久交
不能固辭强於心上加一轉語製成二偈云
斬釘截鐵畫虛空三體分明一體同讀得正中無一字蓮花開在
海當中
當心一畫到如今畫畫皆心不可尋盡說朱珪精字法看那點上
求心金粟道人顧阿瑛焚香為說書以為識
五蘊皆空空亦空悟迷雖異此心同當知自在能規照不落尋常
影象中
點開心畫古如今未點之先作麼尋拈起筆端小三昧方明無相
本來心奉次金粟道人韻再題南堂遺老清欲
昆山黃應龍嗜古好學所蓄異傳奇書并一時典故與予同所

好去冬寓崑僧寺一月與應龍日相接因借此名蹟錄一編歲
久蠹簡不敢託諸人遂錄之連序五十三紙成化二十二年歲
次丙午三月廿一日小樓記吳郡朱存理性文

據中國國家圖書館藏明萬曆中何允澄刻本影印。

# 金薤琳琅

〔明〕都穆 編

# 提要

《金薤琳琅》二十卷，明都穆編。

都穆（一四五九—一五二五），字玄敬，號虎丘山人，因家在南濠里，故亦稱『南濠先生』『南濠居士』。明吳縣人。弘治十二年（一四九九）進士，官至太僕寺少卿。於詩學、金石、收藏諸方面多有心得，尤以金石學爲後人所稱。著有《聽雨紀談》《使西日記》《南濠詩話》等。

《金薤琳琅》無作者序跋，據其文中記事時間，可推知成於正德年間。其書搜集、著録知見金石文字，共計周二種、秦六種、漢二十三種、隋五種、唐二十七種。其著録體例爲先移録石刻全文，後附跋尾，參稽各家觀點，加以考辨，蓋仿宋洪适《隸釋》之體。其書徵引廣博，考辨亦稱慎重。書中所引宋劉跂《泰山秦篆譜》等書，今已不得見；其據碑刻拓本所糾《通志·金石略》之訛誤，亦不爲無見。加以都穆游歷頗廣，石刻碑拓多曾經眼，與鈔撮舊著者自有不同。在明人金石類著作中，是書可稱精審，頗爲世所重。葉石君、馮班、何焯等均曾批校此書，後收入《四庫全書》。惟其書著録不全據碑版拓本，漢碑殘泐之處，往往以《隸釋》補之，使用者不可不察。又其録文往往以今字代古字，如《石鼓》之『吾車既工』，以『我』代『吾』，是皆明人金石文字之學未臻邃密之徵，未足深病。

是書傳世頗多。臺北故宫博物院藏本著録爲『正德間吳郡都氏原刻本』者，係『天禄琳琅』舊藏，前缺一目録。而原善本甲庫藏本則不缺，目録次行題『明太僕少卿吳郡都穆玄敬父編　海虞後學何允澄平仲校』。考萬曆刻本《虞山書院志》卷一，載有何允澄捐銀四十兩之事，則此本刊刻亦當在萬曆中。《金薤琳琅》

明代僅見此刻，清代又有乾隆四十三年（一七七八）汪荻洲刻本等。

本次影印以中國國家圖書館藏明萬曆中何允澄刻本爲底本，原書框高十九・五厘米，廣十五・二厘米。此本間有補鈔之處，書内鈐有『海鹽張元濟經收』『涵芬樓』諸印。

# 金薤琳琅卷第一

太僕少卿吳郡都穆

周壇山石刻

周石鼓文

周壇山石刻

吉日癸巳

贊皇縣壇山上有周穆王刻石四字曰吉日癸巳筆力遒勁有劍拔弩張之狀地荒且僻歷數千年鮮有知其奇古而往寓目者雨激風射日銷月鑠幾何其

不遂湮没廣平宋公皇祐四年秋九月
自亳社之鎮鎮陽趙其屬郡也公過趙
日嘗訪此字於士大夫間爾後郡守王
君使縣人尋訪得之巖石之上令劉莊
者因督工鑿取輦置歸我時人始驚觀
者日至噫此刻埋没人不知識因宋公
一言今遂出幽晦取愛重於石雖不能
言其亦可謂得所遭矣中祐昔聞其妙
近幸權守於此而覩其眞且懼經歷久
遠一旦圮剥或墜於地失前妙絶之迹

廼俾闢石糊灰括以堅木鐃廳事右壁
而陷置之覆盖固護庶永存而無弛時
五年孟夏廿一日權郡事李中祐記
右吉日癸巳四字相傳爲周穆王書刻
贊皇縣壇山石上晋衛夫人謂李斯見
周穆王書七日興嘆盖指此也歐陽公
集古録謂慶曆中宋尚書祁在鎮陽嘗
摹此字而趙州守將命工鑿山龕其字
州廨之壁聞者嗟惜趙明誠金石録謂
穆王時所用皆古文科斗書此字反類

小篆而疑其非眞予家舊藏此刻蓋宋
搨本有皇祐五年權郡事李中祐跋以
其罕傳録之如右李跋謂皇祐四年宋
公過趙尋訪得之縣令劉莊督工鑿石
輦置歸我則宋公之摹字在皇祐而不
在慶曆縣令鑿取以歸於州則龕置州
解者中祐而鑿石非其人也我　朝宋
學士景濂嘗摹其字重刻浦陽山房仍
自爲跋謂吉日字與周淮父卣伯碩父
鼎齊侯鎛鍾諸欵識合又謂字形多類

石鼓明誠已信石鼓爲周人書不當於此而疑之予觀李跋旣得其實惜歐陽公之未見而學士又考據精當足以祛後人之惑又按宋呉興施宿謂州廨舊石以政和五年取入内府皆後人所當知者故併著之

周石鼓文

一

闕四字而師闕二字闕十字庚左闕四字滔滔是熾闕四字不具奪闕五字肝來闕六字具闕四字樂天子闕三字嗣

闕六字來闕四字

右文十行行七字重文者一共闕五十二字

二

我水既闕一字我道既平我闕一字既止嘉樹則

里天子來寧日維丙申闕四字我其用道我馬

既陳敕闕一字康康駕彼闕二字左驂驖驖闕二字

遨遨扯闕二字女不闕三字翰霾闕二字我公謂天

子余及如闕三字害不余及

右文十五行行五字末行四字重文者

六共闕二十一字

三

田車既安鋚(音條)勒馯馯(闕一字)從既簡左驂旛

旛右驂騝騝我以隮于原我(闕一字)戎止射宮

車其寫秀弓寺射麋豕孔庶麀鹿雉兎其原

有紳其(闕一字)奔大(闕一字)出各亞(闕二字)畀(闕一字)

執而勿射多庶趱趱(與躒同)　君子攸樂

右文十行行七字末行六字重文者四

共闕七字

四

闕二字 鑾車華敕眞眞音填，闕一字 弓孔碩彤矢四馬其寫六轡騖騖徒馭孔庶鄜宣搏搏首車載道徒如章原溼陰趌趌同徐 六馬射止族族闕一字 如虎獸鹿如字闕二 多賢趍禽字闕二 我兕允異

右文十行行六字末行五字重文者五

共闕八字

五

汧也沔丞彼淖淵鰋鯉處之君子字闕一 漁之濿又瀲其荐趱初十反 帛魚𩺰𩺰音洛 其蘊氐鮮

黄白其鯾又鱄音敷又鯿音綿其胡孔庶䌛之麌
麌若丑反　汧汧音汧𧼫𧼫音甫其魚維何維鱮維鯉
何以橐之維楊及柳

右文九行行七字末行五字重文者四

共闕一字

六

右文五行行五字闕不成文

七

闕一字　猷作原作闕一字　導遄我治闕一字　除帥彼
陊音序闕一字　莽爲𤰈讀若三十里闕一字　㣲㣲㣲闕音廼

䛓字闕一栗柞棫其字闕一槃格庸庸鳴字闕一亞

若其華字闕一爲所㧞夏字闕一盩導旨樹字闕一

合孫字非模本下有

右文十一行行五字末行二字重文各

二共闕十一字

八

我車既工攻通我馬既同我車既好我馬既阜

君子員員獵獵員㳄麀鹿速速君子之求二闕

字卣調音弓弓茲以時我敺其特其來趩趩同行

趪趪音憲𤟹𤟹音黄即我即時麀鹿趍趍其來大

有我敺其樸其來遺遺射其貕貕音委蜀

右文十一行行六字重文者九共闕二

字

九

闕字三天零雨雰流迄闕字二濼滋君子闕字一即

涉馬闕字一流闕字一也洎洎闕字九自鄜徒騝闕二

字維舟以道或陰或陽揖深以闕字三于水一

方闕字四其奔闕字五事

右文十一行行六字共闕三十一字

十

吳人憐丞闕三字載西載北闕四字而闕三字用闕六字大祝享闕四字執寧逢中囿孔闕一字麀闕五字曈曈大闕五字求又闕六字是闕二字

右文十行行八字末行二字共闕三十九字

三代文字之存於今者唯穆王吉日癸巳史籀石鼓文及商周鼎彝款識夫吉日癸巳數字而已商周款識又不多得然嚴正婉潤端姿旁逸銛利鉤殺則唯石鼓文耳惜其歲久剥落至唐始顯遂

至紛紛疑議歐陽文忠謂其自宣王至宋千有九百餘年理難得存是不然也夫石刻之易漫者以其摹搨者多故也今石鼓委置草萊泥土之中兀然不動至唐始出以故完美如初況其石之質頑性堅若爲碓磑者哉此不足疑一也鄭漁仲謂是秦篆因其以殹爲也見於秦斤以丞爲丞見於秦權其文有曰嗣王有曰天子天子可爲帝亦可謂王秦自惠文稱王始皇稱帝以爲惠文之後

始皇之前所作也余按易書經文無也字則知古轉用殹丞字正當從山取奉丞高意六月宣王之詩也曰王于出征以佐天子吉日宣王田獵之詩也曰天子之所曰以燕天子祈父刺宣王之詩也曰予王之爪牙此不足疑二也温彦威使三京以爲後周文帝獵於岐陽所作盖因史大統十一年西狩岐陽之語而云也尤爲謬妄夫自秦漢晉宋隋唐以來苟能書者如斯冰瑗邕諸人皆名

後世豈後周時有能書若此而不名乎況其詩詞嚴古尤非當時之人所能及者且蘇歐韋韓諸公去後周未遠不應謬稱如是此不足疑三也故余斷然以爲宣王田狩之詩而史籀之書也蓋宣王田狩岐陽之時從臣贊美刻詞出於一時若車攻吉日則田獵東都時所作者其詞多與石鼓同如我車既攻我馬既同脩備之詞一也麀鹿麌麌麀鹿速速麀鹿逢逢獸多之詞同也車攻曰四

牡龐龐四牡奕奕吉日亦曰四牲孔阜
盖即石鼓趍趍六馬四馬其寫之謂也
他如駕言徂東駕言行狩即我其用道
之謂也曰建旐設旄悠悠旆旌即其斿
鼎斿之謂也曰會同有繹即來樂天子
之謂也曰兩驂不猗不失其馳即左驂
旛旛右驂騝騝之謂也曰允矣君子展
也大成以燕天子即君子乃樂天子永
寧之謂也曰吉日維戊吉日庚午即日
維丙申之謂也曰田車既好即田車既

安我車既好之謂也曰從其群醜瞻彼
中原其祁孔有即我以隮于原我戎止
射其來大有其來遺遺之謂也曰儦儦
俟俟即麀鹿麌麌之謂也曰殪此大兕
即我敺其特之謂也又况石鼓漫滅者
多其詞繁而不殺不若車攻吉日二詩
嚴肅簡潔足該十篇之意故偶見刪削
古詩三千餘篇而夫子定爲三百篇者
此類是也若以不見收録而遽疑之則
論語所引素以爲絢兮偏其反而之句

皆逸詩也豈可以是而盡疑論語乎前人音辯類有得失或前後之相遠或多寡之不同歐陽集古所録可見者四百六十五字胡世將資古所録可見者四百七十四字吾衍氏視資古又加三字予嘗得宋搨本雖不能如集古資古吾氏所載然較之今世所有者極爲精好因裝潢成軸每鼓後以釋文譜之其闕文則一依吾氏及潘氏云時洪武乙丑夏五月朔趙古則書。

右石鼓文宋代搨本洪武中藏於餘姚
儒者趙古則後歸予家石鼓昔人論之
詳矣趙氏跋謂温彦威使三秦以石鼓
爲後周文帝獵於岐陽所作而斷其繆
妄予按姚氏殘語云彦威使三秦此得
之僞劉詞臣馬定國然亦非也金元好
問編中州詩定國小傳云仕金翰林學
士考石鼓字畫定爲宇文周時所造作
文辨之萬有餘言元天台劉仁本爲石
鼓論本之定國而斷其非史籀之書二

子繆妄固不俟言跋復謂蘇勗韋韓諸公去後周未遠不應繆稱如是而以其言爲可信予觀應物退之其去後周似爲遼濶勗貞觀時仕吏部侍郎視後周則誠未遠又按李嗣眞書後品張懷瓘書斷亦皆以石鼓爲史籀書嗣眞高宗時人而懷瓘老於開元則稱石鼓爲籀書者始於蘇氏繼於李張而退之直據之耳古則字撝謙宋宗室之後讀書博古尤精字學所著有六書本義聲音文

字遹二書嘗仕廣東瓙山教諭卒
鄭夾漈謂石鼓至唐始出於岐陽鄭餘
慶取置鳳翔孔廟而亡其一皇祐四年
向傳師求於民間得之十鼓遂足王順
伯謂五代之亂鼓復散失司馬池復輦
致府學其一鼓已亡向傳師搜訪足之
二說皆同予近見傳師跋謂數内第十
鼓較之文亦不類訪於閭里果獲一鼓
字雖半缺驗之書體眞得其蹟遂易而
置之其數方備乃知第十鼓其先蓋嘗

有僞爲者至傳師而眞鼓始復此皆王
鄭之所未及豈其未嘗見向䟦邪鄭復
謂大觀中鼓置之辟雍復取入保和殿
經靖康之變未知其遷徙與否王則謂
大觀中鼓歸京師詔以金填其文靖康
之末保和珍異北去或傳濟河遇風棄
之中流而存亡未知後王子充題此謂
金人入汴剔取其金而棄去之至元乃
輦至京師置於國學廟門之下予按胡
世將資古録云崇寧中蔡京作辟雍取

十鼓置講堂後辟雍廢徙置禁中則置
之辟雍者蔡氏而所謂禁中即保和殿
也若王鄭之未知其遷徙存亡蓋當是
時北方非中國所有而二公又皆南人
故云然也及觀之虞伯生云金人得汴
梁鼓亦北徙留王宣撫宅宅後爲大興
府學伯生勛教成均言於時宰得置之
國學大成門内則淪入濟河與夫金人
棄之之説皆不足信不知二王何從而
得此也鼓今在北京國子監即元之舊

地予官禮部時嘗命工搨之字多漫滅

較之宋本僅十之二三而已

金薤琳琅卷第一

# 金薤琳琅卷第二

太僕少卿吳郡都　穆

秦嶧山刻石

秦泰山刻石

秦會稽刻石

秦之罘刻石

秦琅琊臺刻石

秦詛楚文

秦嶧山刻石

皇帝立國維初在昔嗣世稱王討伐亂逆威

動四極武義直方戎臣奉詔經時不久滅六
暴強廿有六年上薦高號孝道顯明旣獻泰
成乃降專惠親剸遠方登于嶧山羣臣從者
咸思攸長追念亂世分土建邦以開爭理功
戰日作流血於野自泰古始世無萬數陀及
五帝莫能禁止迺今皇帝壹家天下兵不復
起燔害滅除黔首康定利澤長久羣臣誦略
刻此樂石以著經紀皇帝曰金石刻盡始皇
帝所爲也今襲號而金石刻辭不稱始皇帝
其於久遠也如後嗣爲之者不稱成功盛德

丞相臣斯臣去疾御史大夫臣德眛死言臣
請具刻詔書金石刻因明白矣臣眛死請制
曰可

秦相李斯書嶧山碑跡妙時古殊爲世
重故散騎常侍徐公鉉酷耽玉箸垂五
十年時無其比晩獲繹山碑摸本師其
筆力自謂得思於天人之際因是廣求
已之舊跡焚擲略盡文寶受學徐門粗
堅企及之志太平興國五年春再舉進
士不中東適齊魯客鄒邑登嶧山求訪

秦碑邇然無覩逮於旬浹怊悵于榛蕪
之下惜其神蹤將墜於世今以徐所授
摸本刊石于長安故都國子學庶博雅
君子見先儒之指歸淳化四年八月十
五日承奉郎守太常博士陝府西諸州
水陸計度轉運副使賜緋魚袋鄭文寶
記
右秦嶧山刻石宋淳化中太常博士鄭
文寶以徐鉉摸本刻之長安者唐封演
謂此碑歷代摸搨邑人疲於供命聚薪

焚之邑令取舊文刻置縣廨則嶧山前
此嘗有是刻蓋至唐而始焚歐陽公以
嶧山無此而疑其非眞非也宋董彦遠
書跋謂其文考於史記多不合而疑傳
者之誤今史記實無此文則傳者未必
誤特董氏之自誤耳自文寶刻徐氏本
其後翻本頗多世之評者謂長安第一
紹興第二浦江第三應天府學第四青
社第五蜀中第六鄒縣第七又予聞之
先師李文正公言嘗見秘閣舊本才二

十五字今所傳徐本乃其全文而字復
加大何哉
此碑自皇帝曰以下乃二世詔文在始
皇刻石之旁予見泰山碑如此鄭文寶
不見秦刻其所刻乃徐氏摹本故牽聯
誤書然此碑非文寶之傳則後世不復
再見文寶可謂有功於字學者而宋史
列傳不言其能書殆以政事而揜之耳
秦泰山刻石
皇帝臨立作制明字闕五廿字闕一六字闕二并闕三

字不字闕三輶遠黎登茲字闕一山字闕四從臣恩

迹本原字闕五德字闕一道字闕一三行諸產得宜闕四

字

右文五行行十二字存者三十字闕三

十字在右之西面

大義著明隳于後嗣字闕四皇帝躬聽既平下

字闕五興夜寐建設長字闕五

右文三行行十二字存者二十二字闕

十四字在石之北面

字闕一經宣達遠近畢理字闕四貴賤分明男女

體順慎字闕三 昭隔内外靡不清字闕五 化字闕一
無窮字闕一 奉遺詔字闕四
皇帝曰金石刻盡始皇帝字闕七 金石
右文六行行十二字存者四十一字闕
二十六字在石之東面
刻辭不稱始皇帝其於久遠字闕一 如字闕二 爲
之者不稱成功字闕二 丞相臣斯臣去疾御史
大夫臣字闕一 昧死言臣請具刻詔書金石刻
因明白矣臣昧死請
右文七行行十二字存者五十一字闕

六字在石之南面

右秦泰山刻石歐陽公謂其友江鄰幾嘗至泰山視秦刻石所存僅數十字而其本乃鄰幾所遺趙明誠謂宋眞宗東封兖州守摹本以獻凡四十餘字後宋莒公刻之於石其說與歐陽公合明誠復謂大觀間汶陽劉跂親至太山絕頂見碑四面有字乃摹其文刻石自爲後序謂之泰山秦篆譜明誠復以史記與譜較之不同者凡十數字謂足以正史

氏之失予家舊藏此刻僅五十一字乃
二世詔即歐陽公所謂江鄰幾本趙氏
所謂兖州及宋莒公摹本是也近得劉
譜視前加九十三字後序謂篆石埋植
土中崇四五尺五十一字在南面稍平
故嘗爲人摹搨其三面皆殘闕蔽闇跂
刮摩垢蝕而字始出盖刻文起西面而
北而東而南共二十二行其末行制曰
可三字復轉刻西南稜上由是篆文首
尾幾於復完而俾之傳世此則跂之功

也董氏書跋謂二世詔書宜在石陰而
今在其南始皇之詔乃在北西東三面
蓋碑石嘗仆後之人以一面稍完故樹
之南向董又謂石崇九尺面方二尺餘
而跋云石之崇五尺更俟登山訪之
歐陽文忠宋莒公皆不知嶧山碑四面
有字蓋在劉譜未出之前元吾衍子行
號稱博洽其學古編云石皆剥落唯二
世詔一面稍見豈亦未嘗見劉譜邪

秦會稽刻石

皇帝休烈平壹宇内德惠攸長卅有七年親
軔天下周覽遠方遂登會稽宣省習俗黔首
齋莊羣臣誦功本原事迹追道高明秦聖臨
國始定刑名顯陳舊章初平法式審别職任
以立恒常六王專倍貪戾慠猛率衆自彊暴
虐恣行負力而驕數動甲兵陰通閒使以事
合從行爲辟方内飾詐謀外來侵邊遂起禍
殃義威誅之殄熄暴悖亂賊滅亡聖德廣密
六合之中被澤無彊皇帝幷宇兼聽萬事遠
近畢清運理羣物考驗事實各載其名貴賤

並通善否陳前靡有隱情飾省宣義有子而
嫁倍死不貞防隔内外禁止淫泆男女絜誠
夫爲寄豭殺之無辠男秉義程妻爲逃嫁子
不得毋咸化廉清大治濯俗天下承風蒙被
休經皆遵軌度和安敦勉莫不順令黔首脩
絜人樂同則嘉保泰平後敬奉法常治無極
輿舟不傾從臣誦烈請刻此石光陲休銘

李斯書嶧山頌淳化間守太常博士鄭
文寶以徐鉉所授本刻於長安國學秦
山頌至元間行臺侍御史李處巽獲劉

跂所摸本刊于建鄴郡庠由是其迹僅存而所傳浸廣矣攷諸記載始皇及二世抵越取浙江岑石刻頌於山亦斯筆也磨滅久矣好古博雅者盖願見而不可得矣乃以家藏舊本摸勒置于會稽黌舍庶與嶧泰等文並貽於後但史記攸長作脩長世字作三十追道作追首又作追守執度作度軌令則俱依石刻

至正元年辛巳歲夏五月望日承德郎紹興路總管府推官東平申屠駉識

右秦會稽刻石按史記始皇三十七年上會稽祭大禹望於南海立石刻頌秦德後其石人稱秦望山碑山在會稽縣東南四十里宋書載竟陵王子良𤼵日登秦望山主簿范雲以山上有始皇石刻人多不識乃夜取史記讀之明日登山雲讀如流子良大悅以爲上賓則晋宋以來石固無恙歐陽公趙明誠皆好集古文不應此獨見遺鄭夾漈通志金石畧雖嘗載之而云疑在越州亦無眞

見此皆予之所未曉者元至正初東平申屠子迪爲紹興路推官以家藏舊刻刻於路學即今之所傳是也然不知其先何從得之予觀其字畫與嶧山碑絶類豈亦出徐鼎臣鄭文寶之所摹而申屠氏嘗藏之歟

申屠氏跋謂石刻與史所載不同者數字今按史云有子不嫁石刻作而嫁史云殺之無罪石刻作無辜史云和安敦誠石刻作敦勉則又跋中之所未及漫

識之

秦之罘山刻石

右秦之罘山刻石所存僅二十字盖二世詔也歐陽公謂其刻與泰山嶧山文同而字畫皆異而惟以泰山爲眞吾子行譔周秦石刻音釋亦謂其與琅琊石文皆不類秦刻而不收録及考之董氏書跋謂嶧山刻字與泰山似異疑古人於書形類不一則此又有不當疑者予又安能定是非於其間哉

此刻汝州帖亦嘗載之然字僅十五予
家所藏視汝帖多御史大夫臣五字盖
宋莒公賜書堂本也

秦琅琊臺刻石

右秦琅琊臺刻石按史記始皇二十八
年東行登琅琊樂之留三月作琅琊臺
立石頌德趙明誠謂其頌詩巳亡所存
唯從臣姓名及二世詔書然亦殘闕又
謂熙寧中密州守嘗摸搨刻之於石予
家所藏乃宋莒公刻本僅十有七字皆

頌詩中語與籀本不同俟博識者辨之

## 秦詛楚文

久湫〔久讀作故〕

又〔通作有〕秦嗣王敢用吉玉瑄璧使其宗祝邵鼛布忞告于不顯大沉久湫以底楚王熊相之多罪昔我先君穆公及楚成王寔戮力同心兩邦若一絆以婚姻袗以齊盟曰葉萬子孫毋相爲不利親仰大沉久湫而質焉今楚王熊相康〔讀作庸〕回無道淫泆耽亂宣侈競縱變渝盟刺內之則暴虐不辜刑戮孕婦幽剌

親戚拘圉其叔父寘諸寘室櫝棺之中外之
則冒改久心不畏皇天上帝及大沈久湫之
光烈威神而兼倍十八世之詛盟率諸侯之
兵以臨加我欲剗伐我社稷伐滅我百姓求
蔑法皇天上帝及大沈久湫之卹祠圭玉犧
牲逑取我邊城新郢音皇及郲音於長親我不敢
曰可今又悉興其衆張矜億怒飾甲底兵奮
士盛師以偪我邊境將欲復其䚡音凶迹唯是
秦邦之羸衆敝賦鞈輸讀作鞧輸音俞棧輿禮使介
老將去聲之以自救也亦應受皇天上帝及大

沉久湫之幾靈德賜克劑楚師且復略我邊
城敢數𨒪上楚王熊相之倍盟犯詛著諸石章
以盟大神之威神

巫咸文與久湫同

亞駝亞駝讀作呼沲文與巫咸同

右秦詛楚文凡三曰久湫曰巫咸曰亞
駝其石皆出宋世説者謂初得巫咸文
於鳳翔次得久湫文於渭又次得亞駝
文於洛其詞則一惟告於神者隨號而異
自石文之出黄魯直張芸叟皆有訓釋

歐陽公董彦遠王順伯皆有論辨歐陽
公謂以史記世家攷之自楚成王十八
世爲頃襄王名横不名熊相而疑傳寫
之誤董氏謂秦之詛楚爲頃襄也其見
亦同順伯云秦自穆公十八世至惠文
王與楚懷王同時從横爭伯此詛爲懷
王也或以楚自成王十八世至頃襄王
秦人之文不應數楚之世况頃襄立是
時楚已微弱非秦所畏不應有詛葉少
藴生先順伯亦云熊相疑即懷王二説

似爲有見董氏又云其詞若出一時不
知一日會盟安得親質三所宋章樵云
盟石告神當於其地巫咸在解州鹽池
告文不應遠在古雍董氏復謂疑其宗
祝分致以告神順伯謂當時告神想不
止是見於世者唯此而已此或得之予
特疑其自秦至宋千有餘年嘗沈之於
水瘞之於地其字畫纖細理難完好唐
人編古文苑雖嘗載其辭而自宋以前
薦紳君子曾無一言及之董氏謂歲久

石漸刓闕因據舊本得其完書不知所謂舊本果出何時元吾子行博古士也以先秦古器比較此篆絶不相類以爲後人僞作但宋世諸公愛其筆跡無有異論予固不得而定之也

金薤琳琅卷第二

# 金薤琳琅卷第三

太僕少卿吳郡都　穆

漢魯相置孔子廟卒史碑

漢魯相晨孔子廟碑

漢魯相晨孔廟後碑

漢魯相造孔廟禮器碑 并陰

漢泰山都尉孔宙碑 并陰

漢魯相置孔子廟卒史碑

司徒臣雄司空臣戒稽首言魯前相瑛書言詔書崇聖道勉闕藝孔子作春秋制孝經二闕

字五經演易繫辭經緯天地幽讚神明故特立廟褒成侯四時來祠事已即去廟有禮器無常人掌領請置百石卒史一人典主守廟春秋饗禮財出王家錢給大酒直須報謹問太常祠曹掾馮牟史郭玄辭對故事辟雍禮未行祠先聖師侍者孔子子孫太宰太祝令各一人皆備爵太常丞監祠河南尹給牛羊豕雞闕二字各一大司農給米祠臣愚以爲如瑛言孔子大聖則象乾坤爲漢制作先世所尊祠用衆牲長吏備闕二字欲加寵子孫敬恭

明祀傳于罔極可許臣請魯相爲孔子廟置
百石卒史一人掌領禮器出王家錢給大酒
直他如故事臣雄臣戒愚戇誠惶誠恐頓首
頓首死罪死罪臣稽首以聞制曰可元嘉三
年三月廿七日壬寅奏洛陽宫
元嘉三年三月丙子朔廿七日壬寅司徒雄
司空戒下魯相承書從事下當用者選其年
四十以上經通一藝雜試通利能奉弘先聖
之禮爲宗所歸者如詔書書到言
永興元年六月甲辰朔十八日辛酉魯相平

行長史事卞守長擅叩頭死罪敢言之司徒
司空府壬寅詔書爲孔子廟置百石卒史一
人掌主禮器選年四十以上經通一藝雜試
能奉弘先聖之禮爲宗所歸者平叩頭叩頭
死罪死罪謹案文書守文學掾魯孔和師孔
憲戶曹史孔覽等雜試和脩春秋嚴氏經通
高第事親至孝能奉先聖之禮爲宗所歸除
和補名狀如牒平惶恐叩頭死罪死罪上司
空府
讚曰巍巍大聖赫赫彌章相乙瑛字少卿平

原高唐人令鮑疊字文公上黨屯留人政教稽古若重規闕乙君察舉守宅除吏孔子十九世孫麟廉請置百石卒史一人鮑君造作百石吏舍功垂無窮於是始闕

右漢魯相置孔子廟卒史碑今在曲阜蓋魯相乙瑛上書請置百石卒史一人典主守廟司徒吳雄司空趙戒以聞制從之蓋在元嘉三年三月後魯相平補以孔和上書於司空府則永興元年六月也攷之范史桓帝紀元嘉惟有二年

碑云元嘉三年三月者蓋是年五月始
改永興至十月而雄戒亦罷免矣
此碑殘闕據宋洪丞相隸釋録其全文
蓋漢文高古難得將以供學士大夫之
嗜好而不特此碑然也凡寻之録漢刻
其殘闕者皆以洪本足之

漢魯相晨孔子廟碑

建寧二年三月癸卯朔七日巳酉魯相臣晨
長史臣謙頓首死罪上尚書臣晨頓首頓首
死罪死罪臣蒙厚恩受任符守得在奎婁周

孔舊寓不能闡弘德政恢崇壹變夙夜憂怖
累息屏營臣晨頓首頓首死罪死罪臣以建
寧元年到官行秋饗飲酒畔宮畢復禮孔子
宅拜謁神坐仰瞻榱桷俯視几筵靈所馮依
肅肅猶存而無公出酒脯之祠臣即自以奉
錢脩上案食醊具以叙小節不敢空謁臣伏
念孔子乾坤所挺西狩獲麟爲漢制作故孝
經援神挈曰玄丘制命帝卯行又尚書考靈
燿曰丘生倉際觸期稽度爲赤制故作春秋
以明文命綴紀撰書脩定禮義臣以爲素王

稽古德亞皇代雖有褒成世享之封四時來
祭畢即歸國臣伏見臨璧雍日祠孔子以太
牢長史備爵所以尊先師重教化也夫封土
爲社立稷而祀皆爲百姓興利除害以祈豐
穰月令祀百辟卿士有益於民矧乃孔子玄
德煥炳光于上下而本國舊居復禮之日闕
而不祀誠朝廷聖恩所宜特加臣寢息耿耿
情所思惟臣輒依社稷出王家穀春秋行禮
以供禋祀餘闕賜先生執事臣晨頓首頓首
死罪死罪臣盡力思惟庶政報稱爲效增異

輙上臣晨誠惶誠恐頓首頓首死罪死罪上
尚書
昔在仲尼叶光之精大帝所挺顔母毓靈承
敝遭衰黑不代倉 闕 沵不𠅤聘嘆鳳不臻自衛
反魯養徒三千獲麟趣作端門見徵血書著
紀黄玉響應主爲漢制道審可行乃作春秋
復演孝經删定六藝象與天談鉤河擿洛却
揆未然巍巍蕩蕩與乾比崇
右漢魯相晨孔子廟碑靈帝建寧二年
立晨姓字見於後碑此乃其所上尚書

奏章蓋當時之制郡國不敢直聞朝廷
因尚書以達之也碑云到官秋享無公
出酒脯之祠自用俸錢以供禋祀知其
爲魯之賢相也

魯相晨孔廟後碑

相河南史君諱晨字伯時從越騎校尉拜建
寧元年四月十一日戊子到官乃以令日拜
闕 孔子望見闕[redacted]式路虔跽既至升堂屏氣
拜手祗肅屑僾髣髴若在依依舊宅神之所
安春秋復禮稽度玄靈而無公出享獻之闕

字欽因春饗導物嘉會述脩壁雍社稷品制
即上尚書參以符驗乃敢承祀餘胙賦賜刊
石勒銘并列本奏大漢延期彌歷億萬
時長史廬江舒李謙敬讓五官掾魯孔暢功
曹史孔淮戶曹掾薛東門榮史文陽馬琮守
廟百石孔讚副掾孔綱故尚書孔立元世河
東大守孔彪元上處士孔褒文禮皆會廟堂
國縣員冗吏無大小空府竭寺咸俾來觀并
畔宮文學先生執事諸弟子合九百七人雅
歌吹笙考之六律八音克諧蕩邪反正奉爵

稱壽相樂終日於穆肅雍上下蒙福長享利
貞與天無極
史君饗後部史仇誧縣吏劉耽等補完里中
道之周左墻垣壞決作屋塗色脩通大溝西
流里外南注城池恐縣吏斂民侵擾百姓自
以城池道濡麥給令還所斂民錢并史君念
孔瀆顔母井去市道遠百姓酤買不能得香
酒美肉於昌平亭下立會市因彼左右咸所
願樂
又勑瀆井復民飭治桐車馬於瀆上東行道

表南北各種一行梓
假夫子家顔毋井舍及魯公冢守吏凡四人
欽與佐除

右史晨孔廟後碑載當時廟享觀禮者
自長史李謙五官掾孔暢而下凡九百
七人可謂盛矣廟享之後晨復修濬治
井及置守墓之人蓋不但如前碑所云
出俸錢以供祀事其有功於孔氏甚大
而部史仇誧縣吏劉耽亦復補垣除道
至通大溝則晨固有以啓之也吁晨誠

賢矣哉

漢魯相造孔廟禮器碑

惟永壽二年青龍在涒歎霜月之靈皇極之日魯相河南京韓君追惟太古華胥生皇雄顔(闕)育(闕)寶俱制元道百王不改孔子近聖爲漢定道自天王以下至于初學莫不驙思嘆卬師鏡顔氏聖舅家居魯親里并官聖妃在安樂里聖族之親禮所宜異復顔氏并官氏邑中(闕一字)發以尊孔心念聖歷世禮樂陵遲秦項作亂不尊圖書倍道畔德離敗聖輿

食粻亡于沙丘君於是造立禮器樂之音符
鍾磬瑟鼓雷洗觴觚爵鹿柤梪籩柉禁壺脩
飾宅廟更作二輿朝車威熹宣杼玄汙以注
水流法舊不煩備而不奢上合紫臺稽之中
和下合聖制事得禮儀於是四方士仁聞君
風燿敬咏其德尊琦大人之意逴彌之思乃
共立表石紀傳億載其文曰
皇闕一字統華胥承天畫卦顏育空桑孔制元
孝俱祖紫宮大一所授前門九頭以什言教
後封百王獲麟來吐制不空作承天之語乾

元以來三九之載八皇三代至孔乃備聖人
不世期五百載三陽吐圖二陰出讖制作之
義以俟知字闕一於穆韓君獨見天意復聖二
族逴越絕思修造禮樂胡璉器用存古舊宇
殷勤宅廟朝車威熹出誠造闕涤不水解工
不爭賈深除玄汙水通闕注禮器升堂天雨
降澍百姓訢和舉國蒙慶神靈祐誠竭敬之
報天與厥福永享年壽上極華紫旁伎皇代
刊石表銘與乾運燿長期蕩蕩於盛復授赫
赫罔窮聲垂億載

韓明府名勑字叔節潁川長社王玄君眞二
百河東大陽西門儉元節二百故涿郡太守
魯麃次公五十故會稽太守魯傳世起千故
樂安相魯麃季公千故從事魯張嵩眇高五
百相主薄魯薛陶元方三百相史魯周乾伯
德三百

右漢魯相韓勑造孔廟禮器碑說者謂
其文雜用讖緯不可盡通予觀東漢自
光武以赤伏符即位篤好圖讖臣下則
而效之流弊浸廣至漢之末而其說尤

讖見之金石者不特此碑然也帝堯碑云堯遊於玄河之上有龍授圖堯乃受命成陽靈臺碑云堯母慶都遊觀河濱感赤龍交而生堯魯相史晨孔廟碑云孔子乾坤所挺西狩獲麟爲漢制作皆怪誕恍惚不經之甚後之君子以爲漢儒之陋狹如此而不知其所從來孔子曰上有好者下必有甚焉者矣以光武之明智而慮不及此嗚呼於漢儒乎何尤

韓勑碑陰

故涿郡太守魯麃次公五千故從事魯張
嵩眇高五百潁川長社王玄眞二百故會稽
太守魯傅世字闕一千相主簿魯薛陶元方三
百河東大陽西門儉元節二百故樂安相魯
麃季字闕一千字闕一相史魯周乾伯德三百曲
成侯王暠二百遼西陽樂張普仲堅二百潁
川長社王季孟三百故督郵魯趙煇彥臺二
百河南成皋蘇漢明二百其人處士汝、、宋
公國陳漢方二百郎中魯孔宙季將千、、南

雒陽种亮奉高五百故山陽南平陽陳漢甫
二百御史魯孔翊元世千故兖州從事任城
呂育季華三千任城番君舉二百太尉掾魯
孔凱仲弟千故下邳令東平陸王袞文博千
任城王子松二百魯孔曜仲曜二百魯孔儀
甫字闕 二百故潁陽令文陽鮑宫元威千任城
謝伯威二百處士魯孔方廣率千河南雒陽
李申伯百任城高伯世二百魯孔巡伯陽二
百文陽蔣元道二百趙國邯鄲宋鎮元世二
百相主簿薛曹字闕 一 濟興三百魯孔憲字闕 一

則闕文陽字闕二文豫二百彭城廣字闕一姜尋
孔長二百相中賊史薛紹興公二百尚書侍
郎魯孔彪元上三千平原樂陵朱恭敬公二
百薛字闕一高字闕三魯孔字闕一漢光二百南陽
宛張光仲孝二百平原隰陰馬■元冀二百
相史卞呂松遠百守廟百石魯孔恢聖文千
彭城龔治世平二百騶韋仲卿二百襄成侯
魯孔建壽千河南雒陽王敬子慎二百泰山
鮑丹漢公二百處士魯劉靜子著千故從事
魯孔樹君德千京兆劉安初二百故薛令河

内温朱熊伯珍五百故從事魯王陵少初二
百魯孔朝升高二百魯石子重二百下邳周
宣光二百故豫州從事蕃加進子高千故督
郵魯开煇景高二百故平陵令魯麃候元世
五百行義掾魯弓如叔都二百河閒東州齊
伯宣二百魯曹性初孫二百魯劉仲巨二百
北海劇袁隆展世百陳國苦虞崇伯宗二百
魯字闕一元達二百魯夏侯廬頭百魯周房伯
臺百東海傅河東臨汾敬謙字季松千闕尉
字闕五安季興五百相守史諱在芳世祖二百

魯孔建壽二百時令漢中南鄭趙寡學子闕
魯巢壽文闕相字闕六陽公字闕一煇世平百故
丞魏令河南京丁璪叔舉五百河湳退師度
闕澤賢字闕二魯傳字闕一子豫二百侯我交父
治眞百東郡武陽桓仲豫二百左尉北海[illegible]
趙福字仁直五百南陽平氏字闕四二百魯闕二
字三百魯孔昭叔祖百元盧城子二百山陽
瑕丘九百元臺三百魯齊伯賢二百河東臨
汾敬字闕一子直千泰山鎮平韋仲元二百闕二
字狼子二百國廣張達平二百其字闕一處士

魯劉聖長二百河南雒陽左叔虞二百泰山
費淳于陵季遺二百上黨長子楊萬子三百
河南偃師骨字闕一通國字闕二東郡武陽董氏
[redacted]二百故字闕二侯相彭城劉字闕一伯存五百
處士魯孔徵子字闕一二百河南平陰樊文高
二百

右韓勑碑陰隸釋所載凡六十有二人
較予家舊搨本闕三十有八人隸釋始
曲成侯王暠終洛陽王敬予家本則始
涿郡太守魯麃次公終河南樊文高又

有大不同者豈隸釋得之傳録故有此
誤要當以搨本爲是抑此及史晨後碑
歐陽公最號博古皆未之見唯趙氏金
石録有之

漢泰山都尉孔宙碑

君諱宙字季將孔子十九世之孫也天姿醇
嘏齊聖達道必習家訓治嚴氏春秋緝熈之
業既就而閨閾之行允恭德音孔昭遂舉孝
廉除郎中都昌長祗傳五教尊賢養老躬忠
恕以及人兼禹湯之罪已故能興朴字闕二彫

幣濟弘功於易簡三載考績遷元城令是時東嶽黙首猾夏不闕三字祠兵遺畔未寧乃擢君典戎以文脩之旬月之間莫不解甲服罪闕三字樽田畯喜于荒圃商旅交乎險路會鹿鳴於樂崩復長幼於酬酢闕三字稔會遭篤病告困致休得從所好年六十一延熹六年正月乙未闕三字疾責速朽之反真慕寧儉之遺則窀夕不華明器不設凡百印高闕三字述於是故吏門人乃共陟名山采嘉石勒銘示後俾有彝式其辭曰

於顯我君懿德惟光紹聖作儒身立名彰貢
登王室閽闕二是更夙夜字闕二在公明明乃綏
二縣黎儀以康於天時雝撫茲岱方字闕一彼
凶人覆俾字闕二南畝孔饁山有夷行豐年多
黍稱彼兕觥帝賴其勲民斯是皇疾字闕三乃
委其榮忠告慇懃屢省乃聽恭儉自終簠簋
不陳生播高譽没垂令名永矢不刊億載揚
聲延熹七年七月戊闕造

右漢泰山都尉孔宙碑宙孔子十九世
孫而融之父也其事實不見史傳然碑

稱其齊聖達道德音孔昭又稱其治泰
山旬月之間民皆解甲服罪可謂無愧
聖人之後者碑在曲阜延熹七年立通
志金石畧嘗載其目云未詳所在復載
泰山太守孔宙碑云在兖州立於延熹
六年是漢有兩孔宙而碑復有二何其
繆與

門生故吏名

門生鉅鹿癭陶張雲字子平門生鉅鹿癭陶
趙政字元政門生鉅鹿廣宗捕巡字升臺門

生東平寧陽韋勲字幼昌門生魏郡館陶張
上字仲舉門生魏郡館陶王時字子表門生
魏郡陰安張典字少高門生魏郡魏孟忠字
待政門生魏郡魏李鎮字世君門生魏郡館
陶㒸讓字子敬門生魏郡館陶文儉字元節
門生魏郡館陶鄉瑱字仲雎門生魏郡鄴叔
香字伯子門生東郡東武陽梁淑字元祖門
生東郡衛公國趙恭字和平門生東郡東武
陽張表字公方門生東郡東武陽滕穆字奉
德門生東郡樂平桑演字仲厚門生東郡樂

平靳京字君賢門生東郡樂平梁布字叔光
門生東郡樂平桑顯字伯異門生陳留平丘
司馬靚字伯昌門生安平下博張祺字顗松
門生安平下博張朝字公房門生安平下博
蘇覲字伯臺門生安平堂陽張琦字子異門
生北海安丘齊納字榮謀門生北海都昌呂
升字山甫門生北海劇秦麟字伯麟門生北
海劇如廬浮字遺伯門生北海劇薛鄒字勝
輔門生北海劇高冰字季超門生濟南梁叔
趙震字鄒政門生濟南梁鄒徐璜字幼文門

生濟南東平陵吳進字升臺門生甘陵廣川
李都字元章門生甘陵貝丘賀曜字升進門
生魏郡清淵許祺字升明門生魏郡館陶史
崇字少賢門生魏郡館陶孫忠字府文門生
東郡樂平盧精字子節門生任城任字闕三字
景漢門童安平下博張忠字公直故吏北海
都昌逢祈字伯意故吏北海都昌雍章字文
理故吏北海都昌魏稱字文長故吏北海都
昌呂規字元規故吏泰山費魚淵字漢長故
吏泰山華毋樓覬字世光故吏泰山南城禹

規字世舉故吏泰山南武陽蕭誨字伯謀故
民泰山費淳于黨字季闕弟子北海劇逵遲
字孟輔弟子陳留襄邑樂禹字宣舉弟子下
邳下邳朱班字宣闕弟子東平寧陽周順字
承闕弟子沛國小沛周升字仲甫弟子魯國
文陽陳褒字聖博弟子汝南平輿謝洋字子
讓弟子山陽瑕丘丁瑶字實堅弟子魯國戴
璋字元珪弟子魯國卞王政字漢方

右孔宙碑陰不云碑陰而云門生故吏
名此漢碑中之僅見者前碑云故吏門

人陟山采石勒銘示後則此所載皆其人也今按宙門生四十二人門童一人弟子一人故吏八人故民一人隸釋謂漢儒開門授徒親受業者則曰弟子次相傳授則曰門生未冠則曰門童總而稱之亦曰門生舊所治官府其掾屬則曰故吏占籍者則曰故民非吏非民則曰處士素非所蒞則曰義士義民此皆讀漢碑者之所當知而隸釋人間少傳故著之

金薤琳琅卷第三

# 金薤琳琅卷第四

太僕少卿吳郡都　穆

漢博陵太守孔彪碑并陰

漢司隷校尉曾峻碑并陰

漢北海相景君碑并陰

漢燉煌長史武斑碑

漢博陵太守孔彪碑

君諱彪字元上孔子十九世之孫潁川君之元子也君少履天姿自然之匹帥禮不爽好惡不愆考衷度衷脩身踐言龍德而學不至

於穀浮游塵埃之外皭焉汜而不俗郡將嘉
其所履前後聘召蓋不得已乃翻爾束帶弘
論窮理直道事人仁必有勇可以託六授命
如毛諾則不宿美之至也莫不歸服舉孝廉
除郎中博昌長疾病留宿闕遷闕京府丞未
出京師遭大君憂泣踰皐魚喪過乎哀謹畏
舊章服竟還署試拜尚書侍郎無偏無黨遵
王之素蕩可黜否出闕二字度日恪位佇所在
祗肅拜治書御史膺皐陶之闕一字恕闕二字參
之闕五字律祇用既平闕博陵太守郡阻山闕三

字以饑饉斯多草竊罔不闕賊劉闕一字張丙
等白日攻剽坐家不命君下車之初闕五教
以博闕削四凶以勝殘乃闕三字爰尚桓桓拯
馬蠲害醜類已殫路不拾遺斯民以安發號
施憲每合天心闕之所惡不以強人義之所
欲不以闕三字姓樂政而歸千德望如父母順
如流水遷下邳相河東大守舉此闕二字君子
風也未怒而懼不令而從雲行雨施闕二字大
和海內歸公卿之任矣勞而不伐有實若虛
固執謙需以病辭官去位闔闕以孝竭闕餘

暇徲徯彈琴擊磬闕二字之味而不改其靜上
帝棐諶天秩未究將據師輔之紀闕綱闕疾
彌流乃碩乃闕二字卌九建寧四年七月辛未
嗟想形闕二字哀遠念不欲生羣臣號咷靡所
復逞夫逝往不可追兮功闕三字識惟君之軌
迹兮如列宿之錯置易建八卦揆肴斅辭述
而不作彭祖賦詩皆讚所見于時頌闕二字是
闕吏崔闕三字王沛等伏信好古敢詠顯闕乃
刊斯石欽銘洪基昭示後昆申錫鑒思其辭

曰
穆穆我君大聖之胄惇懿尤元敷其玄秀惟
嶽降精誕生忠良奉應郡貢亮彼我闕克明
王道辯物居方周闕四字也匹名朝無秕政直
哉惟清出統華夏化以典成闕猾殄逆賢
倚闕庭帝重乃勛自闕二字征所臨如神闕六字
之翰先民是程宜乎三事金鉉利貞而絜白
駒俾世憤惻當享眉耇莫匪爾極大闕三字邈
矣不意于嗟悲兮闕三字息湯湯庶幾復焉所
力咨乎不朽没而德存伊尹之休格于皇天

惟我君績表于丹青永永無沂與日月并于

嗟字闕二于以慰靈

右漢博陵太守孔彪碑彪孔子十九世

孫與孔宙蓋弟兄行嘗爲尚書侍郎治

書御史可謂顯矣闕里志世表宗譜皆

不見其名字而碑文類此亦不載向微

搨本之存則後世不復知有彪矣

孔彪碑陰

故吏司徒掾博陵安平崔烈字威考故吏齊

闕博陵安平崔恢字行孫故吏桑氏令博陵

安平王沛字公豫故吏司空掾博陵安國劉
德字伯柏故吏外黄令博陵安國劉揚字子
長故吏白馬尉博陵博陵齊智字子周故吏
五官掾博陵安平劉麟字幼公故吏五官掾
博陵安平王瑶字顯祖故吏五官掾博陵安
平孟循字敬節故吏五官掾博陵高陽史應
字子聲故吏五官掾博陵南深澤程祺字伯
友故吏五官掾博陵南深澤程祚字元祐故
吏五官掾博陵安國劉機字闕

右孔彪碑陰故吏出博陵者凡十有三

金薤卷四

人故其額不稱後官而直書博陵洪氏以爲故吏函甘棠之惠痛夏屋之傾相與立碑遂以本郡題其額也此或得之然予觀漢碑亦往往有書前官者又似不必拘此金石録乃云不知何謂非也

漢司隷校尉魯峻碑

君諱峻字仲嚴山陽昌邑人其先周文公之碩冑闕二字伯禽之懿緒以載于祖考之銘也君則監營謁者之孫脩武令之子體純和之德秉仁義之操治魯詩兼通顔氏春秋博覽

羣書無物不看學爲儒宗行爲主表漢闕始
仕佐職牧守敬恪恭儉州里歸稱舉孝廉除
郎中謁者河内太守丞喪父如禮羣司徒府
舉高第侍御史東郡頓丘令視事四年比縱
豹産化行如流遷九江大守闕残酷之刑行
循吏之道統政闕載穆若清風有黄霸召信
臣在潁南之歌以公事去官休神家衖未能
一朞爲司空王暢所舉徵拜議郎大尉長史
御史中丞延熹七年二月丁卯拜司隸校尉
董督京輦掌察羣寀闕一蠲細舉大権然疏發

不爲小威以濟其仁弼中獨斷以效其節案
奏闕公彈糾五卿華夏祇肅佞穢者遠遭母
憂自乞拜議郎服竟還拜屯騎校尉以病遜
位守疏廣止足之計樂於陵灌園之絜閉門
靜居琴書自娛年六十一熹平元年闕月癸
卒明年四月庚子葬於是門生汝南干闕沛
國丁直魏郡馬萌勃海呂圖任城吳盛陳留
誠屯東郡夏侯弘等三百廿人追惟在昔游
夏之徒作謚宣尼君事帝則忠臨民則惠乃
昭告神明謚君曰忠惠父息叡不才弱冠而

孤承堂弗構析薪弗何悲蓼莪之不報痛昊
天之靡嘉字闕一企有紀能不號嗟刊石叙哀
其銘曰
巖巖山岳礧落彰軟棠棠忠惠令德孔爍命
闕時生雅度弘緯允文允武厥姿烈逴內懷
溫潤外撮強虐督司京師穆然清邈當闕組
職爲國之權匪究南山遐邇忉惻几百君子
欽謚嘉樂永傳童齡嗚矣昀昀
右漢司隸校尉魯峻碑水經注以峻爲
恭趙氏謂方輿志寰宇記皆作峻而辨

水經之誤予家舊藏此碑峻字明白可識趙氏果有其本何乃不知而必欲證之以地里書也歐陽公謂峻最後爲屯騎校尉而碑首題云司隸校尉莫曉其義隸釋云漢人碑志或以所重之官揭之司隸官尊而職清非列校可比故書之也此足以袪歐公之惑鄭夾漈又謂此碑書於蔡邕按徐浩古迹記其敘邕書惟三體石經西岳光和殷華馮敦數碑及考其他字書亦未聞邕嘗書此不

知鄭氏何所據也

魯峻碑陰

故吏河內闕一字官闕一字幼流闕三字故吏九江壽春陳龔伯闕一字五百故吏九江壽春任闕一字孝長五百故吏東郡領兵許踰伯通五百門生沛國丁良闕一字榮千門生勃海闕二字呂闕一字世階千門生東郡汝陽敢敦登高千門生汝南召陵千商明公五百門生南陽新野闕一字顥文闕一字五百門生平原闕一字路龍顯公五百門生任闕一字樊兒闕一字太平五百門

七

生平原樂陵路福世輔三百門生魏郡闕字一
丘李牧君伯三百門生魏郡繁陽王輔子助
三百門生河東郡闕字一陽闕字二文智三百門
生汝南汝陽郡立闕字三三百門生東郡闕字一
邑闕字三松二百門生東郡闕字一平闕字四二百
門生東郡樂平闕字一顯闕字二二百門生東郡
樂平闕字四二百門生魏郡内黄闕字四二百門
生東郡闕字一陽王闕字一少闕字一二百門生汝
南濦強尹稜闕字二二百門生汝南濦強尹顥
闕字二二百門生勃海南皮劉扶節闕字一二百

門生勃海南劉盛興字闕二二百門生河間阜
成東鄉晨子字闕一二百門生河間阜成東鄉
恭公二百門生平原西平昌劉本景字闕一二
百門生平原張謙伯讓二百門生陳留尉氏
夏統子思二百門生濟陰陳氏許仁伯德二
百門生濟陰字闕一狐周維元興二百義士梁
國寧陵及强强良二百

右魯峻碑陰歐陽公趙明誠皆失收録
至洪丞相隸釋於漢碑搜羅殆盡而亦
復遺焉予家此碑不特人間少有且文

字麗完可讀惜不令三公見之

漢北海相景君碑

惟漢安二年仲秋字闕二故北海相任城景府君卒嗚呼哀哉國字闕二寶英彦字闕一疇列宿虧精晚學後疇子何穹蒼布命授期有生有死天寔爲之豈夫仁哲彼克不遺於是故吏諸生相與論曰上世羣后莫不流光闕於無窮垂芬燿於書篇身殁而行明體亡而名存或著形像於列圖或繫頌於管弦後來詠其烈竹帛叙其勳乃作誄曰

伏惟明府受質自天孝弟淵懿帥禮蹈仁根
道核藝抱淑守眞㿥白清方克己治身蹇𡨥
蹇剛乃武乃文遵考孝謁假階司農流德元
城興利惠民强禦改節微弱蒙恩威立澤宣
化行如神帝嘉厥功授以符命守郡益州路
遐戀親躬作遜讓夙宵朝廷建英忠讜拜秩
東行郵追嘉錫據北海相部城十九鄰邦歸
向分明好惡先以敬讓殘僞易心輕黠踰竟
鴟梟不鳴分子還養元元鰥寡蒙祐以寧蓄
道脩德闕祉以榮紛紛令儀明府體之仁義

道術明府膺之黄朱邵父明府三之台輔之
任明府宜之以病被徵委位致仕民闕思慕
遠近搔首農夫釋耒商人空市隨轝飲淚奈
何朝廷奪我慈父去官未旬病乃困危珪璧
之質臨卒不回歔闕霣絶奄忽不闕孝子憻
懆顛倒剥摧遂闕克寤永潛長歸州里鄉黨
隕涕奔哀故吏怊怛歔欷字闕一佪四海冠蓋
驚慟傷懷大命闕期寔惟天闕明主設位明
府不就臣子欲養明府弗留嗚呼哀哉
亂曰考積幽穸字闕三兮　四　翔議郎兮再命

虎將綏元元兮規英桀誤主忠信兮羽衛藩屛撫萬民兮闕四字恩闕二字兮宜參闕一字韡闕幹禎兮不永麋壽棄臣子兮仁敷海外著甘棠兮闕石勒銘闕不亡兮

右北海相景君碑金石録云在濟州任城縣蓋任氏在漢爲任城人也予按濟州即今之濟寧州今碑乃在州學不知何年移置於此通志金石略以不知其地故直云未詳姚江謝中舍大中近過濟寧搨以見惠予家自祖宗來藏碑頗

富兼以予好收録中間得於朋友之助
者十常四五如此碑是也

北海相景君碑陰

故字闕一中部督郵都昌尹忠字定公故門下
督盜賊劇字闕一頌字字闕一遠故門下議史平
昌蔡規字中舉故門下書佐字闕一陵孫榮字
世榮故門下書佐淳于逢字闕一字字闕一成故
騎吏劇字闕一麟字字闕一石故吏朱虛孫徵字
武字闕一故吏營陵薛逸字伯踰故吏營陵二闕
字字中字闕一故吏都昌呂福字益字闕一故吏

都昌强字闕一字光字闕一故書佐都昌羽質字
孟字闕一故書佐字闕一虛字闕二字君大故書佐
字闕一壽淳于字闕四故書佐營陵徐昌字昌善
故書佐都昌字闕一彤字字闕一甫故書佐淳于
孫字元字闕一故書佐營陵鍾顯字字闕一竇故
書佐東安平字闕一廣字廣宗故書佐劇紀政
字世堅故書佐淳于孫晄字威光故修行、都
昌台丘遷字世德故脩行都昌董方字季方
故脩行營陵曾字闕一字漢興故脩行都昌字闕二
字字字闕一乂故脩行營陵字闕二字護宗故脩

行營陵字闕一　暹字武字闕一　故脩行營陵臨照
字景耀故脩行都昌張騣字臺字闕一　故脩行
營陵淳于登字登成故脩行營陵顔理字中
理故脩行營陵水丘郎字君字闕一　故脩行都
昌呂興字世興故脩行都昌逄進字世安故
書佐劇徐德字漢昌故書佐劇姚進字元豪
故書佐劇郱鍾字元鍾故書佐都昌張翼字
元翼故脩行都昌張字闕一　字季遠故脩行劇
中字闕一　字季遠故脩行平字闕二　允字伯允故
脩行淳于趙尚字進卿故脩行都昌段晉字

世節故脩行都昌齊昊字闕一子故午營陵
字闕一遷字世達故午營陵昌敏字元成故午
淳于董純字元祖故午營陵　良字世勝故
午朱虛炅詩字孟道故午都昌呂立遷字孟
堅故字闕二都昌齊冰字文達故字闕二都昌張
亮字元亮
字闕二肅字闕二故臣吏愼終追遠字闕六墳園闕二
字禮備陵成字闕一立樹列既就聖典有制三
字闕三墓側歲壞字闕六遺辭以明字闕三靈瑕顯
降吾嘉祐

右景君碑陰列門下書佐及故吏等中有修行凡十九人趙氏謂後漢書百官志注河南尹官屬有循行一百三十人而晉書百官志亦有循行以爲循修字畫相類遂致譌謬予謂景君碑刻於漢而後漢書舊皆出傳録則以修爲循者特傳録之誤耳趙氏不信碑本而信漢書且復引晉書爲證殊不知晉書修於唐其亦曰循行蓋仍漢書之誤而云然也

漢敦煌長史武斑碑

建和元年大歲在丁亥二月辛巳朔廿三日

癸卯長史同下闕

敦煌長史武君諱斑字宣張昔殷王武丁乂

伐鬼方元功章炳勳藏王府官族分析因以

爲氏焉武氏蓋其後也適周遐邈歷世曠遠

不隕其美漢興以來爵位相踵闕朝忠臣君

幼闕顏閔之字闕一㫖長敷游夏之文學慈惠

寬闕孝友玄妙苞羅術藝貫洞聖闕博兼闕二

字耽綜典籍字闕三純求福不回淸聲美行闡

形遠近州郡貪其高賢闕二字請以闕二字歲舉
闕翼紫宮闕二字詔除光顯玉室有闕於國帝
庸嘉之掌司古闕領校祕鄭研闕幽微追昔
劉向辯賈之徒比闕萬矣時戎闕二字匡正一
闕二字朝廷惟憂闕二字有司闕二字舉君斑到官
之日闕癘吏士哮虎之怒薄伐闕九字並百姓
賴之邦域旣寧久勞于外當還本朝以叙左
右以永嘉元年闕月闕日遭疾不闕哀闕於
是金鄉長河間高陽史恢等追惟昔日同歲
郎署感闕爲自古在昔先聖與仁闕二字典替

闕二字人存生榮死哀是闕萬年伊君遺德闕
孔之珍故闕石銘碑以旌明德焉其辭曰
於惟武君允德允恭受天休命積祉所鍾其
在孩提岐嶷發蹤謙闕守約唯誼是從孝深
凱風志潔羔羊樂是闕二字恬此闕光孳孳臨
川闕見闕墻庶仰其首微妙玄通闕然清闕六
字升闕爲帝股肱扶助大和萬民闕一字蒙顯
宗闕二字史官書功昊天上帝降茲鞠凶奄忽
祖逝闕四字不享闕耇大命闕二字百遺惟闕后
帝感傷學夫喪師士女悽愴闕表金門令問

不忘垂闕後昆萬載歎誦
尚書丞沛國蕭曹芝闕宣成武令中山安憙
曹种字闕二豐令下邳良成徐崇字闕二故陳留
府丞魯國魯字闕四防東長齊國臨菑闕紀伯
允書此碑嚴祺字伯曾

右漢燉煌長史武斑碑歐陽公謂其字
畫殘滅氏族州里官閥卒葬皆不可見
趙氏謂以所藏本考之斑官閥氏族與
卒之年月皆歷歷可辨趙氏生歐公之
後不應其本若是豈歐公者搨於當時

而趙氏者得之古搨邪予家本視趙氏
雖若不逮然亦有可讀者

金薤琳琅卷第四

# 金薤琳琅卷第五

太僕少卿吳郡都　穆

漢執金吾丞武榮碑

漢荆州刺史度尚碑

漢桂陽太守周府君碑并陰

漢衛尉衡方碑

漢執金吾丞武榮碑

君諱榮字含和治魯詩經韋君章句闕幘傳講孝經論語漢書史記左氏國語廣學甄微靡不貫綜又遊太學藐然高厲鮮於雙匹學

優則仕爲州書佐郡曹史主簿督郵五官掾
功曹守從事年卅六汝南蔡府君察舉孝廉
闕二字郎中遷執金吾丞遭孝桓大憂屯守玄
武慼哀悲慟加遇害氣遭疾隕靈闕四字君即
吳郡府卿之仲子燉煌長史之次弟也廉孝
相承亦世載德不忝闕四字命闕不竟台衡蓋
觀德於始述行於終於是刊石勒銘垂示無
窮其辭曰
天降雄彥資才卓茂仰高鑽堅允文允武內
闕一字三署外闕師旅闕勒屯守舊威闕武闕

旗絳天雷震電舉軟爠赫然陵惟哮虎當遂
股肱闕之元輔天何不弔降此闕咎癔平我
君仁如不壽爵不副德位不稱功感懷傷愴
遠近哀同身没闕二萬世諷誦

右漢執金吾丞武榮碑歐陽公謂其文
字殘缺不見卒葬年月及氏族所出予
家本殘缺與歐公同而隸釋所載者則
又往往可讀如云君即吳郡府卿之子
燉煌長史之次弟此乃其氏族之所出
也但碑文簡短不書卒葬年月歐公特

未之知耳

漢荆州刺史度尚碑

君諱尚字博平其先出自顓頊與楚同姓熊
嚴之後闕亦世掌位統國法度秦兼天闕和
之純質秉黃中之正性智含淵藪仁隆春燠
義高秋雲行潔氷霜慷慨壯厲臨闕休譽固
已著矣及其典牧必招振賢才抽援幽逸選
召所任極當世之秀士養民有闕令聞彌崇
暉光日新可謂盛德者已初奉歲計拜即中
除上虞長玄化潛洞百姓闕數縣恩信並宣

令行禁止以從父憂去官吏舉孝廉爲右校
令是時南蠻蠢動擢拜闕醜殊俗賓服遠人
用綏封右鄉侯遷遼東太守旬月之間薉貉
寧輯會楊賊畔於闕拜中郎將料敵制勝威
謀合神持重優於營平深入則輕冠軍附士
渥於李廣御衆闕同滋味必達井辨幕然後
飲舍惠以厚下説以犯難是故所征輙克師
徒無頡闕寇殄殪干戈載戢走馬以糞朝貪
厥重復拜荆州刺史以故秩居冊書慰薦因
賜闕之荆域號慕雖周人之思召伯弗此踰

也於是故吏感清廟之頌歎斯父之詩乃闕
曰於惟我侯允懿允明文武是該克忠克貞
粤初發藻在彼上虞邁種厥德闕矣匪禄是
榮無言不讎帝揚厥聲俾作配闕往撫于荆
撫荆惟何南夏是闕邦家載彼海外績莫匪
嘉天生我侯實爲民望心乎其愛四方是卬
如何不來闕而不死芳烈遺兮
永康元年歲在鶉尾龍集丁未時維闕歲闕

右漢荆州刺史度尚碑尚後漢書有傳
碑今在徐州州治蓋成化間吾鄉顧君

崇善以工部郎中管理河道見其淪於
湖陵城閘出之遂置於此按酈道元水
經注云湖陵城東有度尚碑則自漢至
晉自晉至今而此碑未嘗徙也又隷釋
云政和中巡檢王當世見其在湖陵荒
野遷之官廨後邑令滕君欲徙碑於沛
舟載而覆沉没不出又其後劉宗儀攝
令乃立之於使星亭然不知此碑何年
復淪入水中今惟存其首漢荆州刺史
度侯之碑九字其餘文字悉皆漫滅特

頽然片石而已蓋閘水撞激日久其字之不存宜也

漢桂陽太守周府君碑

桂陽太守周府君者徐州下邳人也諱憬字君光體性敦仁天姿篤厚行與閨門名闕州里舉孝廉拜尚書侍郎遷汝南固始相遂拜桂陽迺宣魯衛之政敷二南之澤政以德綏化猶風騰撫集烝細闕綏有方進則貞直退則錯枉崇舉濟濟吉士充朝招訓闕蒙開誘六蔽君子道長小人道消信感神祇靈瑞符

闕嘉穀生於野奇草像闕一字莆異根之樹超
然連理於此闕時邦域惟寧郡又與南海接
比商旅所臻自瀑亭至乎曲紅壹由此水其
水源也出於王翕之山山蓋隆闕三字于天泉
肇沸踊發射其顛分流離散爲十二川彌陵
隮阻丘阜錯連隅陬壅遏未由騁焉爾乃貫
山鑽石經闕四字揚爭怒浮沈潛伏虵龍蛣屈
澧隆巒浥千渠萬澮合聚谿澗下迄安闕一字
六瀧作難湍瀨闕二字泫沄潺湲雖詩稱百川
沸騰高岸爲谷深谷爲陵蓋莫若斯天軌所

經惡得已改其下注也若奔車失轡狂牛無縻闕勿荒忽臚陸不相知及其上也則群葦相隨檀杝提闕唱號慷慨沈深不前其成敗也非徒喪寶玩隕珍奇替珠貝流象犀也往古來今變甚終矣於是府君乃思夏后之遺訓闕應龍之畫傷行旅之悲窮哀字闕一人困乞感蜀守冰殄絕犂堆嘉夫眛淵永用夷易廼命良吏字闕一帥壯夫排積字闕一石投之寥字闕二高墳下鑿截回曲㳽水之邪性順導其經脉斷硠溢之電波弱陽侯之洶涌由是小

蹊乃平直大道允通利抱布貿絲交易南至
升涉周旋功萬於前除昔字闕二樹塞於茲雖
非龍門之鴻績亦人君之德宗故船人嘆於
水渚行旅語於塗陸孔子曰禹不决江疏河
吾其魚矣於是熹平三年歲在攝提仲冬之
月曲紅長零陵重安區祉字景賢遵承典憲
宣揚德訓師禮不越欽仰高山乃與邑子故
吏龔臺郭蒼龔雒等命工擊石建碑于瀧上
勒銘公功傳之萬世垂示無窮其辭曰
乾坤剖兮建兩儀剛柔分兮有險夷否中嶽

兮穆崔嵬嘆衡林兮獨傾虧增陖陗兮甚嶇
陭鮌莫涉兮禹不規仰王禽兮又崋峗俯瀧
淵兮怛以悲岸參天兮無路蹊石縱橫兮流
洄洄波隆隆兮聲若雷或抱負兮以從利或
追恩兮有赴義氾自楫兮有不避闕躬軀兮
於玄池委性命兮於芒纚憯寒慄兮不皇計
忽隨流兮殆忘歸懿賢后兮發聖葩閉不通
兮治斯谿釃巨石兮以湮填開切闕一字兮導
曲機摧六瀧兮弱闕五字兮散其波威怒定兮
混瀾瀾息聊啾兮闕五字逝兮蛟龍藏睦老唱

兮臚人歌名冠世兮超踰倫今稱嗣兮燿流沙功斐斐兮鏡海裔君乎君壽不訾

右漢桂陽太守周府君碑歐公謂其名已殘闕但知其字爲君光而已趙氏引曾南豐之言謂周君名昕以爲歐公考之未詳而其後小字復謂歐公集別有一跋云周君名憬而又以爲字頗近之予按隸釋云君諱憬字君光與歐公後跋正合則南豐所謂名昕者固爲失之而趙氏又何必置疑於其間哉

此碑元季盧陵陳謨跋謂漢刻本在隴上唐重刻本在曲江廟中不知何時徙置郡學韶州守錢旭既新府治以韶在漢屬桂陽乃徙置之後楊文貞公跋亦云碑在韶州府治按府治今爲　王府碑由是仍徙曲江廟中東廣漢碑絶少所有惟斯而已

周府君碑陰

故曲紅長零陵重安區祉字景賢故含洭長南郡字闕一蒼陸字闕夏故湞陽守長南平丞

長沙漢昌蹇祇字宣節故行事來陽華夏字
漢威故荆州從事曲紅龔基字少謙故荆州
從事曲紅郭蒼字伯起故荆州從事郴王鼎
字季尼故南部督郵曲紅龔雒字闕然故吏
曲紅鄧音字孝直故吏曲紅朱鷖字義德故
吏曲紅張淙字子才故吏曲紅龔達字叔通
故吏曲紅黄部字世尼故吏曲紅周蓋字伯
嘗故吏曲紅黄晏字子齊故吏曲紅馬珪字
元序故吏曲紅潭承字曼升故吏曲紅劉鵠
字季產故吏曲紅黄祺字叔仁故吏曲紅周

習字仲鸞故吏曲紅劉越字子省故吏郴褚禧字闕讓故吏耒陽蔡闕字己明故湞陽左尉零陵泉陵闕三字故吏湞陽劉萌字仲闕故吏湞陽左勝字仲升故吏湞陽左緐字妙舉故吏湞陽宋碩字子張故吏舍洭堯禹字公制故吏舍洭張邵字曼威故吏舍洭黄詳字伯節工師南陽宛王遷字子彊

漢衛尉衡方碑

府君諱方字興祖肇先蓋堯之苗本姓闕二字則有伊尹在殷之世號稱阿衡因而氏焉闕三

字土家于平陸君之烈祖少以儒術安貧樂
道履該顏原兼脩季由聞斯行諸砥仁厲闕四
字土階夷愍之貢經常伯之賓位左馮翊先
帝所尊垂名竹帛考盧江太守兄鴈門太守
闕三字孝長發其祥誕降于君天資純懿昭前
之美少以文塞敦庬允元長以欽明耽詩悅
書闕三字秋仕郡辟州舉孝廉除郎中即丘侯
相膠東令遵尹鐸之導保鄣二城參國起按
斑叙闕三字本肇末化速郵置州舉尤異遷會
稽東部都尉將繼南仲邵虎之軌飛翼軨之

旌操祭闕三字　綏來王之鑾會喪太夫人感倍
人之凱風悼蓼莪之劬勞寢閫苫闕一字　仍闕
上言倍榮向哀札服祥除徵拜議郎右北平
太守尋李廣之在邊恢魏絳之和戎戎戢士
佚賁省巨億懷闕四字　靜有績遷潁川太守脩
清滌俗招拔隱逸光大茅茹國外浮闕一字　淡
界繆動氣泄狂闕五字　歸來洙泗用行舍藏徵
拜議郎遷太醫令京兆尹舊都餘化詩人所
詠並有亡新君闕四字　隆寬慄鶉火光物隕霜
剿姦振滯起舊存亡　繼絶恩降乾太威肅剝

坤本朝録功入登衛闕二字翼紫宫夙夜惟寅
委蛇在公有單襄穆典謨之風詔選賢良招
先逸民君務在闕失順其文舉巳從政者退
就勑巾永康之末君衛孝桓建寧初政朝用
舊臣留拜步兵校尉處六師之帥維時假階
將授衮職受任浹旬奄離寢疾年六十有三
建寧元年二月五日癸丑卒詔遣使闕二字弔
賻禮百賔臨會莫不失聲其年九月十七日
辛酉葬蓋雅頌興而清廟肅中庸起而祖宗
闕故仲尼既殁諸子綴論斯干作歌用昭于

宣闕字一以旌德銘以勒勳於是海内門生故
吏闕字三采嘉石樹靈碑鐫茂伐祕將來其辭
曰
峨峨我君懿烈孔純高朗神武歷世忠孝馮
隆鴻軌不忝前人寬猛不主德義是經韜綜
頑闕温故前呈攬英接秀踵迹晏平初據百
里顯顯令聞濟康下民曜武南會邊民是鎮
惟闕字三憂及退身叅議帝室剖符守藩北靖
闕字二有闕有聲旋守中嶽幽滯以榮邁種舊
京闕字四含澤戴仁闕字二攸寧克長克君不虞

不陽維明維允燿字闕一聲香能哲能惠兗亮
天功入統字闕二赳赳光光法言稽古道而後
行兢兢業業素絲羔羊誾誾侃侃顒顒昂昂
何規復榘金玉其相謇謇王臣群公憲章樂
只君子字闕二無疆銘勒金石字闕五問字闕二萬
世是傳門生平原樂陵朱登字仲

右漢衛尉衡方碑其叙門閥云伊尹在
殷號稱阿衡因以爲氏君考盧江太守
兄鴈門太守叙官秩云歷郎中即丘侯
相膠東令遷會稽東部都尉徵拜議郎

北平潁川兩太守太醫令京兆尹入登衛尉至步兵校尉叙卒葬云年六十三建寧元年二月五日癸丑卒其年九月十七日辛酉葬又字詳悉頗爲完好漢碑中之不易得者洪丞相謂碑云履該顔原即顔淵原憲予覩其下繼之云兼修季由蓋仲由一字季路季由即季路也



金薤琳琅卷第五

# 金薤琳琅卷第六

太僕少卿吳郡都　穆

漢酸棗令劉熊碑

漢淳于長夏承碑

漢西嶽華山廟碑

漢玄儒先生婁壽碑

漢蕩陰令張君碑

漢酸棗令劉熊碑

君諱熊字孟闕廣陵海西人也厥祖天皇大

帝垂精接感篤生聖明闕仍其則子孫亨之

分源而流枝葉扶疏出王別俶受爵列土封
侯載德相繼丕顯纘字闕五　光武皇帝之玄孫廣
陵王之孫俞鄉侯之季子也誕生照明岐嶷
踰絶長字闕四　柴守約履勤體聖心叡敦五經
之瑋圖兼古業覈其妙行脩言道字闕五　宜京
夏莫不師卬六藉五典如源如泉既練州郡
卷舒委隨忠貞闕　效官字闕三　出省楊土流化
南城政猶北辰衆星所從三祀有成來臻我
邦循東闕　之惠抑闕　禮官賞進厲頑約之以
禮博之以文政教始初慎徽五典勤恤民殷

闕心顩下闕二字仁恩如冬日威猛烈炎夏貪
究革情清脩勸慕德惠潛流馝芳旁布尤愍
縣闕濟濟之儀孜孜之踰帥厲後學致之雍
泮草上之風莫不嚮應悅誨日新砥闕二字素
七業勃然而興咸居今而好古雖未盡道善
必有所由處民之秉彝寔我劉父其人魯無
君子斯焉取旃允我劉父言善誘人講禮習
聆匪徒豐學屢獲有年闕載充成神民協欣
兩不相傷故德交歸焉自古在昔先民有作
洪勳則甄盛德闕刻表諸來世垂之罔極襃

賢表善揚幽拔微式序在位量能授宜官無曠事字闕二爲正以卒爲更愍念烝民勞苦不均爲作正彈造設門更富者不獨逸樂貧者闕順四時積和感暘歲爲豐穰賦稅不煩寔我劉父吏民愛若慈父畏若神明悔闕令德清越孤竹德牟產奇誠宜褒顯照其憲則乃相闕咨度諏詢采摭謠言刊闕詩三章其辭曰

清和穆鑠寔惟乾乾闕一字惟嶽降靈篤生我君服骨叡聖允鍾厥醇誕生岐嶷言協闕墳懿德

震燿孝行通神動履規繩文彰彪繽成是正
服以道德民
有父子然後有君臣理財正辭束帛戔戔闕
夢刻像鶴鳴一震天臨保漢寔生闕勳明試
賦授夷夏已親嘉錫來撫潛化如神其神伊
何靈不傷人
猗歟明哲秉道之樞養闕之福惟德之偶淵
乎其長渙乎成功闕暇民豫新我闕通用行
則達以誘我邦賴茲劉父用說其闕澤零年
豐黔首歌頌

右漢酸棗令劉熊碑集古録作俞鄉侯季子碑且謂碑云君諱熊字孟下缺一字復引後漢書光武子曰廣陵思王荆荆子元壽等四人皆封鄉侯而不載其名俞鄉侯者不知爲誰金石録引酈道元水經注云酸棗城内有漢縣令劉孟陽碑則所缺一字當從水經爲陽又引李利涉編古命氏及唐宰相世系表皆云荆王生俞鄉元侯平平生彪襲封則熊當爲彪之弟乃光武曾孫而曰玄孫

者碑之誤也隸釋謂歐陽公不知碑在
酸棗無以名其官遂謂之俞鄉侯季子
碑而引王建題此碑詩云不向圖經中
舊見無人知是蔡邕碑而又疑其非中
郎筆法予則以爲建生於唐其云蔡邕
碑者蓋本之圖經而非鑿空而言洪氏
不當於此而疑之也

淳于長夏承碑

君諱承字仲兖東萊府君之孫太尉掾之仲
子右中郎將弟也累葉牧守印紱典據十有

餘人皆德任其位名豐其爵是故寵禄傳于
歷世策薰著于王室君鍾其美受性淵懿含
和履仁治詩尚書兼覽羣藝靡不尋暢州郡
更請屈己匡君爲主簿督郵五官掾功曹上
計掾守令冀州從事所在執憲彈繩糾枉忠
潔清肅進退以禮允道篤愛先人後已克讓
有終察孝不行大傅胡公歆其德美旌招俯
就羔羊在公四府歸高除淳于長到官正席
流恩褒善糾姦示惡旬月化行風俗改易輶
軒六轡飛躍臨津不日則月皓天不弔殲此

良人年五十有六建寧三年六月癸巳淹疾
卒官嗚呼痛哉臣隸辟踊悲動左右百姓號
咷若喪考妣孩孤憤泣忉怛傷摧勒銘金石
惟以告哀其辭曰
於穆皇祖天挺應期佐時理物紹縱先軌積
行勤約燕于孫子君之羣戚並時繁祉明明
君德令問不已高山景行慕前賢列庶同如
蘭意願未止中遭冤夭不終其紀夙世實祚
早喪懿寶抱器幽潛永歸蒿里痛矣如之行
路感動儻魂有靈垂後不朽

右漢淳于長夏承碑金石錄云元祐中洛州因治河得之於土壤中刻畫完好如新隸釋云此碑字體奇怪唐人蓋所祖述又引梁庾元威論書載隸有十餘種此乃其間之一體宋鄭僑書衡云漢石經諸刻乃隸體八分夏承碑乃篆體八分然三家皆不言為何人書也元王文定公惲跋此碑云蔡邕書夏承碑如夏金鑄鼎形模怪譎雖蛇神牛鬼庬雜百出而衣冠禮樂已胚胎乎其中所謂

氣凌百代筆陣堂堂者乎予由是始知
爲中郎之蹟碑在今廣平府學後刻尚
書蔡邕伯喈及永樂七年等字乃庸妄
人所加然心竊疑之楊文貞公集中亦
有此跋謂近歲廣平府民因治河得此
蓋廣平古洺地也所謂近歲恐即永樂
七年予向官京師時廣平通判山西宋
孟清爲予言府學復有一碑字與此類
予益疑焉江陰徐子擴好奇士也嘗得
舊刻雙鉤其字近以惠予與此絕異此

云勤紹舊刻作勤約且其間字之闕者四十有五而此獨完好則其僞不俟乎言而予昔日之疑始釋然矣

楊公跋又謂中書舍人陳登以碑爲蔡伯喈書蓋不攷王氏文集之故後公撰登墓志言永樂間以篆書名者登之外舅吳中滕用亨及四明王尹實予觀三家之篆用亨第一登不能逮若尹實則惟用燥筆又在登之下登門人有程南雲者以篆書得至顯官其用筆雖熟然

殊乏古法觀此亦可以知其師矣

漢西嶽華山廟碑

周禮職方氏河南山鎮曰華謂之西嶽春秋傳曰山嶽則配天乾坤定位山澤通氣雲行雨施既成萬物易之義也祀典曰日月星辰所昭仰也地理山川所生殖也功加於民祀以報之禮記曰天子祭天地及山川歲徧焉自三五迭興其奉山川或在天子或在諸侯是以唐虞疇咨四嶽五歲壹巡狩皆以四時之中月各省其方親至其山柴祭燔燎夏商

則未聞所損益周鑒於二代十有二歲王巡
狩殷國亦有事于方嶽祀以圭璧樂奏六歌
高祖初興改秦淫祀太宗承循各詔有司其
山川在諸侯者以時祠之孝武皇帝脩封禪
之禮思登假之道巡省五嶽禋祀豐備故立
宫其下宫曰集靈宫殿曰存僊殿門曰望僊
門仲宗之世重使使者持節祀焉歲一禱而
三祠後不承前至于亡新濅用丘虛訖今垣
趾營兆猶存建武之元事舉其中禮從其省
但使二千石以歲時往祠其有風旱禱請祈

求靡不報應自是以來百有餘年有事西巡
輙過享祭然其所立碑石刻紀時事文字摩
滅莫能存識延熹四年七月甲子弘農太守
安國亭侯汝南袁逢掌華嶽之主位應古制
脩廢起頓閔其若茲深達和民事神之義精
通誠至礿祭之福乃案經傳所載原本所由
銘勒斯石垂之于後其辭曰
巖巖西嶽峻極穹蒼奄有河朔遂荒華陽觸
石興雲雨我農桑資糧品物亦相瑶光崇冠
二州古曰雝梁馮于豳岐文武克昌天子展

義巡狩省方玉帛之贄禮與岱元六樂之變
舞以致康在漢中葉建設宇堂山嶽之守是
秩是望侯惟安國兼命斯章尊脩靈基肅共
壇場明德惟馨神歆其芳遏禳凶札揫斂吉
祥歲其有年民說無疆
袁府君肅恭明神易碑飾闕會遷京兆尹孫
府君到欽若嘉業遵而成之延熹八年四月
廿九日甲子就袁府君諱逢字周陽汝南汝
陽人孫府君諱璆字山陵安平信都人時令
朱頡字宣得甘陵鄃人丞張昉字少游河南

京人左尉唐佑字君惠河南密人主者掾華
陰王萇字德長
京兆尹勑監都水掾霸陵杜遷市石遣書佐
新豐郭香察書刻者頴川邯鄲公脩蘇張工
闕君闕

右漢西嶽華山廟碑予得之御史宋君
良弼集古録引碑文云漢武帝巡省五
嶽立宫其下宫曰集靈殿曰存仙門曰
望仙而以爲集靈宫者他書皆不見惟
見此碑金石録引漢地里志云華陰有

集靈宫水經注云敷水北經集靈宫而謂不特此碑載之及觀之董氏書跋云集靈宫漢志既書之桓譚嘗賦之張杲序曰世宗經集靈之宫而復謂三輔黄圖書其制度藝文類聚亦書其名則又金石録之所未及者此亦可以見博古之難矣

此碑後題云新豐郭香察書楊文貞公跋謂漢魏之碑多不載書刻人氏名此獨詳焉遂因之有聞於今而文貞惟以

爲郭香書而不曰香察其意蓋疑香察不類人名故也隸釋云東漢循王莽之禁人無二名郭香察書者察蒞他人之書其説爲得此文貞之所未知然洪氏亦不言爲何人書也按徐浩古迹記以碑爲蔡中郎書浩深於字學且生唐盛時殆非鑿空而言者洪氏失之於不考耳

漢玄儒先生婁壽碑

先生諱壽字元考南陽隆人也曾祖父脩春

秋以大夫侍講至五官中郎將祖父太常博
士徵朱爵司馬親父安貧守賤不可營以禄
先生童孩多奇岐嶷有志捥髮傳業好學不
厭不修廉隅不飾小行温然而恭慨然而義
善與人交久而能敬榮且溺之耦耕甘山林
之杳藹遁世無悶恬佚淨漠遲徠衡門下學
上達有朋自遠冕紳莘莘朝夕講習樂以忘
憂郡縣禮請終不回顧高位厚禄固不動心
麤䴡絺大布之衣糲粢蔬菜之食蓬户茅宇棬
樞瓮牖樂天知命榷乎其不可拔也是以守

道識眞之生埼高尚其事鄉鄗州鄰闕親愛
懷年七十有八熹平三年正月甲子不禄國
人乃相與論德處謚刻石作銘其詞曰
皇矣先生懷德惟明優於春秋玄嘿有成知
賤爲貴與世無爭渥徳衡門禮義滋醇窮下
不苟知我者天身殁聲鬯千載作珍縣之日
月與金石存
右漢玄儒先生婁壽碑集古録云在光
化軍乾德縣予自夷陵貶所再遷乾德
令壽有墓在谷城界中而碑在墓側遂

遷碑還縣立於勑書樓下則碑在當時得免於毀棄者歐陽公之力也隸釋云玄儒先生蓋國人私謚猶陳寔之文範法眞之元德而其末流之弊更相標榜三君八顧之目紛然而奇禍作矣予謂漢人之好標榜其羅禍固宜然自漢至今千有餘年而私謚不廢亦未聞有罹禍者此又不可以執一論也光化軍即今襄陽府之光化縣而乾德亦其地云

漢蕩陰令張君碑

君諱遷字公方陳留己吾人也君之先出自
有周周宣王中興有張仲以孝友爲行披覽
詩雅煥知其祖高帝龍興有張良善用蕭何
在帷幕之内决勝負千里之外析珪於留文
景之間有張釋之建忠弼之謨帝遊上林問
禽狩所有苑令不對更問嗇夫嗇夫事對於
是進嗇夫爲令令退爲嗇夫釋之議爲不可
苑令有公卿之才嗇夫喋喋小吏非社稷之
重上從言孝武時有張騫廣通風俗開（闕字）畿
寓南苞八蠻西羈六戎北震五狄東勤九夷

荒遠既殯各貢所有張是輔漢世載其德爰
既且於君蓋其纏綿纘戎鴻緒牧守相係不
殖高問孝弟於家中謇於朝治京氏易聰麗
權略藝於從畋少爲郡吏隱練職位常在股
肱數爲從事聲無細聞徵拜（闕一字）中除穀城長
蟄月之務不閑四門臘正之際休因歸賀八
月筭民不煩於鄉隨就虛落存恤高年路無
拾遺黎種宿野黃巾初起燒平（闕一字）市斯縣獨
全子賤孔蔑（闕二字）道區別尚書五教君崇其寬
詩云愷悌君隆其恩東里潤色君垂其仁邵

伯分陜君懿于棠晉陽珮瑑西門帶弦君之
體素能雙其勛流化(闕)基遷蕩陰令吏民頡
頏隨送如雲周公東征西人怨思奚斯讚魯
孝父頌叚前喆遺芳有功不書後無述焉於
是刋石整表銘勒萬載三代以來雖遠猶近
詩云舊國其命惟新
於穆我君既敦既純雪白之性孝友之仁紀
行來本蘭生有芬克岐有兆綏御有勛利器
不覿魚不出淵國之良幹垂愛在民蔽沛棠
樹温温恭人乾道不繆唯淑是親既多受祉

永享南山千禄無疆子子孫孫
惟中平三年歲在攝提二月震節紀日上旬
陽氣厥枿感思舊君故吏韋萌等僉然同聲
貸師孫興刊石立表以示後昆共享天祚億
載萬年

右漢蕩陰令張君碑碑云君陳留已吾
人治京氏易少爲縣吏徵拜郎中除穀
城長遷蕩陰令後云中平三年二月故
吏韋萌等刋石立表蓋其去思碑也字
特完好可讀漢碑中之不易得者攷之

東漢地里志蕩陰屬河内郡即今彰德府之湯陰縣已吾屬陳留郡即今開封府之夏邑縣

此碑予官京師時嘗於景太史伯時處見舊搨本不及録近得之友人文徵仲按隸釋云東漢及魏其碑到今不毀者十才一二凡歐趙録中所無者世不復有予生去宋數百年而此本兩見歐趙録中蓋未嘗載隸釋并隸續亦無其文通志金石略所載碑目雖多然亦未之

及乃知昔人之言未必可信而舊物之在天壤間者固不可盡謂之無也

金薤琳琅卷第六

# 金薤琳琅卷第七

太僕少卿吴郡都　穆

漢堂邑令費鳳碑

漢堂邑令費鳳别碑

漢溧陽長潘乾校官碑

漢郎中鄭固碑

漢廬江太守范式碑

漢堂邑令費鳳碑

惟熹平六年歳格于大荒無射之月堂邑令費君寢疾卒嗚呼哀哉於是夫人元弟故三闕

字守卜亂追而誄之其辭曰
君體履柔和溫其如玉脩孝友乎閨閫執忠
謇於王室立迹州郡仕吏右職舉直措枉強
禦闕貸貢孝三署勛譽有則出宰近甸民懷
厥德色斯輕翔翻然高潔王人述職分闕班
爵台字闕二招助鼎調物退已進弟不營榮祿
栖遲歷稔項領滯畜鄣土不庭黔民作字闕一
命君字闕二政化闕行逆善遷惡三朞致道有
恥且格文守旌功轉在堂邑垂拱不言而民
帥伏三時之間卒以闕洽旻天不弔命也早

歿春秋六十六黎儀瘁陽泣涕連灑豈愛哉
躬命不可贖臨終迷字闕三內發祖業良田畝
直一金推予弟息辭位讓財行義高邵卓不
可及名實相副有始有卒字闕二人善癒方切
惻
故吏故鄣施業字世堅義民堂邑戚忠忠年
十有一慈考早隕喪以備於禮制蓬首而闕三
字壞而消辟地字闕三行毋氏以字闕四而悼傷
服闕菲五五縗杖莫未除廣陵之郡守東海
字闕二聞寢疾而終卒凡百普悲字闕四舜化比

屋之餘慶隨（闕）稙柩車哀以而逆之祖載巳
畢託還返其故鄉君（闕）其節操悲其有（闕二字）
每以（闕五字）其老親忠（闕二字）君厚德念君之仁
恩聞君之隕隧剝斷而辛酸復截縗麻杖（闕）
君之柩棺扶號而竭（闕）泣涕其（闕八字）甫於岐
山（闕字）其從之迷君而到官上書而薦君盡
翕息之（闕三字）君之（闕三字）君（闕三）（闕七字）於山（闕）
列種嘉奇樹持爲之潤解忠業與（闕二字）猶君
恩使然雖君有大化孰能爾者難子喪之終
（闕三字）思其顏而（闕）死可贖不愛（闕二字）人令君

闕於彼卓譎而超倫吏民慕高蹤來者其如
雨偉名建字闕一石垂示於字闕二
門下功曹徐促字元節主簿呂嘉字元闕主
史陳信字聖舉主記史闕忠字建臺門下游
徼字闕二字叔騰門下賊曹字闕二字聖臺門下
史曹助字仲臺闕吏呂常字孝讓從掾位徐
超字元貴

右漢堂邑令費君碑乃君夫人之弟卜
𠊱所撰蓋誄辭也辭之後載鄣土故吏
施業堂邑義民戚忠皆竭力送終而忠

之所行尤爲卓絶弦之費君没時忠有
廣陵之役既聞訃來奔祖載還鄉及葬
有期復截衰麻扶號柩前列植丘木誠
可謂之義矣漢去古未遠故民俗之厚
如此若後世其可得哉

漢堂邑令費鳳别碑

君舅家仲孫甘陵石勛字子才載馳載驅來
奔于喪庭肝催意悲感切傷心瞻彼碑誄懷
之好音司馬慕藺相南容復白珪仰之以彌
高鑽之而彌堅不堪哀且思叙詩之一篇庶

幾昔子夏起夫子之所言其辭曰
君諱鳳字伯蕭梁相之元子九江太守之長
兄也世德襲爵銀艾相亞[redacted]遐祖之鴻軌拓
前代之休蹤邈逸越而難繼非群愚之所頌
仁義本於心慈孝著於性言不失典術行不
越矩度清潔皦爾渥而不渫恤憂矜尼施而
不記由近及遠靡不覆載故能闡令名而雲
騰揚盛聲而風布践郡右職三貢獻計辟州
式部忠以衛上漢安二年吳郡太守東海郭
君以君有逶蛇之節自公之操年卌一舉孝

廉拜郎中除陳國新平長神化風靡惠以流
下靜而爲治匪煩匪擾乾乾日褸■此黔
首功成事就色斯高舉宰司委職位思賢以
自輔玄懿守謙虛白駒以（闕一字）一陧丹陽有越
冦沒（闕四字）命君討理之試守故鄣長蓋危亂
有不讓又畏此之（闕二字）而（闕）牧爰止其師旅
鷊若飛鷹鷂（闕一字）一若夫虓虎彊者綏以德弱
者以仁撫簡在上帝心功訓而特紀輶輿宰
堂邑基月而致道祝（闕四字）遂據于御尹中表
之恩情兄弟與甥舅蔦與女蘿性樂松之茂

四

好聞君顯令名舉宗爲歡喜不悟奄忽終藏
形而匿景耕夫釋耒耜桑婦投鉤筥道阻而
且長望遠淚如雨策馬循大路褰裳而涉洧
送君於厚土嗟嗟悲且傷每食闕不絕夫人
闕二字歌闕一字離思黃鳥集于楚惴惴之臨穴
篤舊好不以存亡改文平感渭陽悽愴益以
甚諸姑戚璧踊爰及君伯姊孝孫字元宰生
不識考妣追惟厥祖恩蓬首斬縗杖世所不
[redacted]爲流稱於鄉黨見吾若君存剥裂而不已
一別會無期相去三千里絕翰永忼慨泣下

不可止

右漢堂邑令費鳳別碑歐陽公直以爲費鳳碑趙明誠則以爲費鳳碑陰隸釋謂費氏父子三碑並列於吳興校官蓋鳳之父汜爲梁相有碑而鳳亦自有碑此則鳳中表石勛字子才之所述也集古後録謂勛不遠三千里而會中表之喪觀此情友親厚之心可以悠然而生則隸釋所稱別碑爲是三碑今皆不存此予得之四明豐解元坊宋搨本也

漢溧陽長潘乾校官碑

蓋漢三百八十有七載闕三字于闕四字銘工著
斯金石畀誄曰
溧陽長潘君諱乾字元卓陳國長平人蓋楚
大傅潘崇之末緒也君稟資南闕一字之闕四字德
之絕操髫髦闕一字敏闕一字學典謨祖講詩易剖演
奧藝外覽百家衆闕一字契聖抱不測之謀秉高
世之介屈私趨公即仕佐上郡位既重孔武
赳著疾惡義形從風征暴執訊獲首除曲阿
尉禽姦刻猾寇息善歡蕧孤竹之廉蹈公儀

之絜察廉除慈初厲清肅賦仁義之風(闕三字)之跡垂化放乎岐周流愛雙乎(闕二字)親賢實智進直退慝布政優優令儀令色獄無吁嗟之寃野無叩匈之結矜孤顧老表孝貞節重義輕利制戶六百省無正繇不責自畢百姓心歡官不失實於是遠人聆聲景附樂受一廛既來安之(闕一字)役三年惟泮宮之教反(闕一字)俗之禮構脩學宮宗懿招德既安以寧干侯用張籩豆用陳發彼有的雅容(闕一字)閑鐘磬縣矣于胥樂焉乃作叙曰

翼翼聖慈惠我黎蒸貽我潘君平茲溧陽彬
文赳武扶弱抑彊〔闕一字〕刈骾雄流惡顯忠咨疑
元老師賢作朋脩學童冠琢質繡章寔天生
德有漢將興尚旦在昔我君存今〔闕一字〕此龜艾
遂尹三梁永世支百民人所彰子子孫孫昇
爾熾昌
丞沛國銍趙勳字蒦伯左尉河内汲董並字
公房右尉豫章南昌程陽字孝遂時將作吏
名戶曹掾楊淮議曹掾李就議曹掾桓檜戶
曹史賀〔闕一字〕從掾位侯祖主記史吳超門下史

吴訓門下史吴翔門下史時球

光和四年十月已丑朔廿一日已酉造

漢校官碑宋紹興十一年溧水尉喻仲遠得於固城湖濵置之官舍今在孔廟之大門右長樂陳長方雖嘗碑其所得本末釋文則未之見碑以靈帝光和四年歲在辛酉造距今凡一千一百五十三年番陽洪景伯先生出字爲之釋謂挈爲契葬爲黎畀爲俾楙爲野賫爲責劾去其刀賢去其貝干矦與豻矦通尚

旦謂太公周公可謂精審有據其餘不
可辨者尚有二十七字今觀首行自三
百字以下上斯字凡十有六字比之洪
氏作釋文時又皆不可攷且如第三行
之字之下是禱字禱下闕一字有天字
敏之上是克字衆之下是儁字退之下
是慝字彼之上爲復反之下爲失此之
上爲即皆隱隱可見洪則悉以爲闕又
如既安且寧則以爲旨寧梅檜則以爲
桓檜豈當時誤於墨本而然耶溧陽志

至謂元卓爲元貞是又以名乾而傳會
也禧承乏於兹暇日與士友曹國傑摩
莎久之得其二三因以洪先生釋文刻
於上僭附所見於其下勒諸樂石以補
前脩之所未及者餘尚俟博雅君子云
至順四年龍在癸酉夏五月文學掾濟
陰單禧謹識
右漢溧陽長潘乾校官碑在今南畿溧
水縣學蓋溧水即漢溧陽地也予初得
此碑而不知其有釋文近始得之乃元

至順四年校官單禧所爲而刻之者也
禧謂此碑宋紹興中縣尉喻仲遠得於
固城湖濵置之官舍則其得免於毁棄
仲遠之力也禧又有跋謂考訂碑文與
隷釋不同者二十七字而復辨溧陽志
之失可謂有功於文字者故備録之

漢郎中鄭固碑

君諱固字伯堅蓍君元子也含中和之淑質
履上仁字闕三孝友著乎閨門至行立乎鄉黨
初受業於歐陽遂窮究于典籍膺游夏之文

學襄冉季之政事弱冠仕郡吏諸曹掾史主
薄督郵五官掾功曹入則腹心出則爪耳忠
以衛上清以自脩犯顔謇諤造膝詭辭加以
好成方類推賢達善逡遁退讓當世以此服
之邦后珍瑋以爲儲舉先屈計掾奉我闕貢
清眇冠乎群彦德能簡乎聖心延熹元年二
月十九日詔拜郎中非其好也以疾固辭未
滿期限從其本規乃遘凶愍年四十二其四
月廿四日遭命隕身痛如之何先是君大男
孟子有楊烏之才善性形於岐嶷(闕二字)見於

垂髫年七歲而夭大君夫人所共哀也故建
闕 共墳配食斯壇以慰考妣之心琦瑶延以
爲至德不紀則鍾鼎奚銘昔姬闕二字 武弟述
其兄綜闕四字 行於蔑陋獨曷敢忘乃刊石以
旌遺芳其辭曰
於惟郎中寔天生德順親誨弟虔恭竭力教
我義方導我禮則傳宣孔業作世模式從政
事上忠以自勗貢計王廷華夏歸服帝用嘉
之顯拜殊特將從雖意已斯自得乃遭氛災
隕命顛沛家失所怙國闕 忠直俯哭誰訴仰

號焉告嗟嗟孟子茁而弗毓奉我元兄脩孝
罔極魂而有靈亦歆斯勒

右漢郎中鄭固碑歐陽公謂碑文磨滅
官閥卒葬年月皆莫可考予家本磨滅
尤甚蓋以去歐公之遠也而隸釋所載
文字獨完其云君著君之子延熹元年
四月廿四日遭命隕身年四十二則門
閥與卒固可考也歐公所録在隸釋之
前而乃云云若此不可曉也

漢廬江太守范府君碑

君諱式字字闕八功存有夏寔曰御龍闕胙商
周世昭其隆晉主夏盟有士會者光演弘謨
翼崇霸業錫邑命族闕爲范氏則其後也君
禀靈醇之茂度體玄亮之殊高徽柔懿恭明
允篤恕九德靡爽百行淵備弘道躭藝恢韜
墳籍探賾研機罔深不入若乃立德隆禮樹
節寶眞志諒足以弼國篤友足以輔仁用能
昭其洪懿聲充宇甸接華彦於汝墳潤枯甃
於荊漢超管鮑之遐蹤信靈辞乎炳煥是以
闕化泉流芳闕潙舊燿仁闈於權輿濟俗伴

乎皇訓群公偉焉弓旌盈路再讓考闕二字三
府舉高第侍御史拜冀州刺史糾剔瑕慝六
教允施翰飛肅於鷹揚典刑闕二字軌闕帝闕
其勳遷盧江太守擬泰和以陶化昭八則以
隆治彌闕弘略惠訓士倦闕二字恊闕三字齊闕二
字清源之深閎賓跡氏之至順以疾告辭韜
光潛燿詠琴詩以寧闕九字其猶充洽外內寔
紹德之奧藪而儀民之淵表也未亮三事闕三
字終闕六字常山相暨子汜孫而亂嗣罔繼粵
青龍三年正月丙戌縣長汝南薛闕七字感靈

墠之不饗思隆懿模以紹奕世乃與縣之碩
儒咨典謨之中闕字闕三之胄昭告祖考
俾守厥祀本　著宣融之祚人神協休茂之
慶焉禮也於是鄉字闕二　上計掾翟循州部泰
山從事史翟邵等僉以爲君雖煇名載籍光
颺前列而靈墳亡闕　儀問靡述遂相與略依
舊傳昭撰景行刋銘樹墓以聲百世其辭曰
於昭上德實唐之胤誕表靈和蹈規履信窮
神周覽祇道之訓邁德徽猷鴻漸闕　舊轍彼
夸毗實此醇懿以文會友以仁翼闕　敷化濟

殖群生以遂永言孝思民之攸墍如何昊天
不信其軌明德不報亂　亡紀爰輯訓典詢
爾髦士育茲赫闕以永遐祉詒厥孫謀燿于
萬祀

右漢廬江太守范式碑式仕漢爲侍御史拜荆州刺史遷守廬江官亦不卑而史氏列之獨行傳中蓋以式之可重者在厚於友誼其官爵固可略也此碑但云篤友足以輔仁及云超管鮑之遐踪其外更無他語洪丞相謂未足以光颺

盛德是巳唐李嗣真書後品以碑為蔡
伯喈書考之碑立於魏明帝青龍三年
則非伯喈之筆明矣後鄭氏金石略亦
云是蔡公書則又承書品之誤也

金薤琳琅卷第七

金薤卷一　　十三

# 金薤琳琅卷第八

太僕少卿吳郡都　穆

隋皇甫府君碑

隋龍藏寺碑

隋姚恭公墓誌銘

隋緣果道場塼塔記

隋柱國左光禄大夫弘義明公皇甫府君碑

銀青光禄大夫行太子左庶子上柱國黎陽縣開國公于志寧製

夫素秋肅煞勁草標於疾風叔世艱虞忠臣彰於赴難銜須授命結纓殉國英聲煥乎記牒徽烈著於旂常豈若釁起蕭墻禍生藩翰強踰七國勢重三監其有蹈水火而不辭臨鋒刃而莫顧激清風於後葉抗名節於當時者見之弘義明公矣君諱誕字玄憲安定朝那人也昔立効長丘樹績東郡太尉裂壤於槐里司徒胙土於彤門是以車服旌其器能茅社表其勳德銘功衛鼎騰美晉鍾盛族冠於國高華宗邁於欒郤備在史牒可略言焉

曾祖重華使持節龍驤將軍梁州刺史潤木
暉山方重價於趙璧媚川照關曜奇采於隨
珠祖和雍州贊治贈使持節散騎常侍車騎
大將軍儀同三司膠涇二州刺史高衢將騁
遽爰追風之足扶揺始摶早墜垂天之羽父
璠使持節驃騎大將軍開府儀同三司隨州
刺史長樂恭侯橫劍桂朽威重冠軍析瑞蕃
條聲高勃海公量包申伯稟嵩山之秀氣材
兼蕭相降昴緯之淑精據德依仁居貞體道
含章表質詎待變於朱藍恭孝為基寧取訓

於橋梓鋒剸犀象百練挺於昆吾翼掩鸑鳿
九萬奮於溟海搏翻[redacted]產文贍卿雲孝窮溫
清之方忠盡匡救之道同何充之器局被重
晉君類荀攸之宏圖見知魏主斯故包羅衆
藝囊括羣英者也起家除周畢王府長史榮
名蕃牧則位重首寮袨服雎陽則譽光上客
既而蓍精委馭炎運啓圖作貳邊服寔資令
望授廣州刺史恍近來遠變輕訬於雕題伐
叛懷柔漸淳化於緩耳蜀王地處維城寄深
磐石建旟王壘作鎮銅梁妙擇奇材以爲僚

佐授公益州總管府司法昔梁孝開國首辟
鄒陽燕昭建邦肇徵郭隗故得馳令問於碣
館播芳猷於平臺以古方今彼此一也尋除
尚書比部侍郎轉刑部侍郎趨步紫庭光映
朝列折旋丹地譽重周行俄遷治書侍御史
彈違糾慝時絶權豪霜簡直繩俗寢貪競隨
文帝求衣待旦志在恤刑呪網泣辜情存緩
獄授大理少卿公巨細必察同張季之聽理
寬猛相濟比于公之無寃但禮闈務殷樞轄
寄重允膺此職寔難其人授尚書右丞洞明

政術深曉治方臧否自分條目咸理丁母憂
去職哀慟里閭隣人為之罷社悲感衢路行
客以之輟歌孝德則師範彝倫精誠則貫徹
幽顯雖高曾之至性何以加焉尋詔奪情復
其舊任于時山東之地俗阜民澆雖預編民
未行聲教詔公持節為河北河南道安撫大
使仍賜米五百石絹五百匹公輶軒布政美
冠皇華之篇擁節觀風榮甚繡衣之使事訖
反命授尚書左丞然并州地處參墟城臨晋
水作固同於西蜀設險類於東秦寔山河之

要衝信蕃服之襟帶授公并州總管府司馬
加儀同三司公賛務大邦聲名籍甚精民感
化黠吏畏威屬文帝劒璽空留鑾蹕莫反楊
諒率太元之甲擁河朔之兵方叔段之作亂
京城同州吁之挺禍濮上雖無當璧之兆乃
懷奪宗之心公備説安危具陳逆順翻納魏
勃之榮反被王悍之災仁壽四年九月遘從
運往春秋五十有一萬機起殲良之歎百辟
興喪予之悲切孔氏之山頽痛楊君之棟折
贈柱國左光禄大夫封弘義郡公食邑五千

戶謚曰明公禮也喪事所須隨由資給賜帛五千段粟三千石惟公溫潤成性夙表白虹之珍黼黻爲文（缺五字）行己窮於六本藴德包於四科延閣曲臺之奇書鴻都石渠之祕說莫不尋其枝葉踐其隩隅譬越箭達犀飾之以括羽楚金切玉加之以磨（缺一字）救之同於指囷親識待其舉火進賢方於推轂知己俟以彈冠存信捨原黄金賤於然諾忘身殉難性命輕於鴻毛齊大小於冲襟混寵辱於靈府可謂（缺四字）冠冕時雄者也方當亮采泰

階參綜機（缺一字）豈謂世逢多故運屬道消未
展經邦之謀奄鍾非命之酷世子民部尚書
上柱國滑國公無逸以為邢（缺一字）之下（缺三字）
仲之（缺三字）之東誰知子孟之墓乃雕戈勒石
騰實飛聲樹之康衢永表芳烈庶葛亮之隴
鍾生禁之以樵蘇賈逵之碑魏君歎之以不
朽乃作銘曰
（缺二十字）胄期穆帝運榮經綸執鈞匡濟門承積
慶世挺偉人夜光愧寶朝采慙珍雲中北陸
日下方荀抑揚元（缺二十一字）名馳碣石聲高建

禮珥筆憲臺握蘭文陛分星裂土建侯開國
輔籍正人相資懿德中臺輟務晉陽缺十七字相
成師搆難太叔興戎建德効節吏吾盡忠命
屯道著身歿名隆牛亭始卜馬獵初封翠碑
刻鳳丹旆圖龍煙缺

銀青光禄大夫歐陽詢書

右隋柱國左光禄大夫皇甫誕碑于志
寧撰歐陽詢正書金石録謂嘗得誕墓
志又得此碑與北史及隋書參攷以正
史氏之謬又謂碑與墓志所述亦有不

同墓志今不得見碑在陝西西安府學不甚鈌壞盖歐書中之得意者也

隋龍藏寺碑

竊以空王之道離諸名相大人之法非有去來斯故將踰師子明自在如無畏取譬金剛信畢竟而不毁是知涅槃路遠解脱源深隔愛慾之長河間生死之大海無船求渡旣似龜毛無翅願飛還同兎角故以五通八解名教攸生二帝三乘法門斯起檢麄攝細良資汲引之風挽滿陷深雅得脩行之致若論乾

闉之城皆安芭蕉之樹盡空應化詎真權假
寧實釋迦文缺一字說缺一字之缺一字須菩提豈
證果之人然則習因之指安歸求道之趣奚
向如幻如夢誰其受苦如影如響誰其得福
是故維摩詰具諸佛智燈缺一字之坐斯來舍
利弗盡其神通天女之花不去故知業行有
優劣福報有輕重若至凡夫之與聖人天堂
之與地獄詳其是非得失安可同日而論哉
往者四魔毀聖六師謗法拔髮翹足變[redacted]吞
麻李園之内結其惡黨竹林之下亡其善聚

護戒比丘翻同雹草持律（缺三字）等霜蓮慧殿
仙宫寂寥安在珠臺銀閣荒凉無處離離綴
彩窣勞周客含含奏曲詎假般人我大隋乘
御金輪冕旒玉（缺一字）上應天命下順民心飛
行而建鴻名揖讓而升大寶匪結農軒之陣
誰徇湯武之師稱臣妾者遍於十方弗遇蚩
尤之亂執玉帛者盡於萬國無稻防風之禍
斯乃天啓至聖大造區域垂衣化俗負扆宇
民昧旦紫宫終朝青殿道高羲燧德感虞唐
五福咸臻衆貺畢集低茆出月摇蓂含風沉

壁觀青龍負握河之紀功成治定神奉益地之圖於是東暨西漸南阻北邁隆禮言洽至樂云和感天地而動鬼神辯尊卑而明貴賤而尚勞巳亡倦求衣靡息豈非攸攸黔首垢障未除擾擾含生蓋纏仍擁所以金編寶字玉牒綸言滿封盈函雲飛雨散慈愛之旨形於翰墨哀愍之情發於衿抱日月所照咸賴陶甄陰陽所生皆蒙鞠養故能津濟率土救護溥天恊獎愚迷扶導聾瞽澍茲法雨使潤道牙燒此戒香令薰佛慧脩第壹之果建最

勝之幢拯既滅之文匡以墜之典忍辱之鎧
滿（缺二字）都微妙之臺充於赤縣豈直道羅什
有寄弘通故亦迦葉目蓮聖僧斯在龍藏寺
者其地蓋近於燕南昔伯珪取其謡言（缺三字）
水毋恤往而得寶窺代常山世祖南旋至高
邑而践祚靈王北出登望臺而臨滹青山歛
霧渌水揚波路款晉而適秦途通（缺一字）而指
衛（缺二字）之落矩步非遥平原之樓規行詎遠
尋泒避世彼亦河人幽閑博敞良爲福地太
師上柱國大威公之世子使持節在武衛將

缺一字上開府儀同三司恒州諸軍事恒州刺
史鄂國公金城王孝僊世業重於金張器識
逾於許郭軍府號爲飛將朝廷稱爲虎臣領
袖諸缺一字冠冕羣俊探賾索隱應變知機著
義尚訓御之懃立勳功事勞之績廊廟推其
偉器柱石揖其大材自馳傳涖藩建旟缺二字
招懷歎逸羈復逃亡遠視廣聽賞琮之披冀
部賞善戮惡徐邈之處涼州異軫齊奔古今
一致下車未幾善政斯歸瞻彼伽籃非因草
創每奉勅勸奬州内士庶壹萬人等共廣福

田公爰啓至誠虔心徙石施逾奉盖檀等布
金竭黒水之銅罄赤岓之玉結瑠璃之寶網
餝纓絡之珍臺於是靈刹霞舒寶坊雲搆崢
嶸膠葛穹隆譎詭九重壹柱之殿三休七寶
之宫彫梁刻桷之奇圖雲畫藻之異白銀成
地有類悉覺之談黄金鏤楯非關句践之獻
其内開房静室陰牖陽窻圓井垂蓮方疎度
日耀明瑠於朱戶殖芳卉於紫墀地暎金沙
似遊安養之國簷隱天樹疑入歡喜之園夜
漏將竭聽鳴鐘於寺内曉相旣分見承露於

雲表[redacted]坐來會之衆何憂缺一字然飲食持
鉢之侶奚念粤以開皇六年歲次鶉火莊嚴
粗就庶使皇隋寶祚與天長而地久種覺花
臺將神護而鬼衛乃爲詞曰多羅秘藏毗尼
覺道斯文不臧憑於大造誰薰種智誰壞煩
惱猗歟我皇實弘三寶慧燈翻照法炬還明
菩提果殖救護心生香樓並構貝塔俱營充
遍世界彌滿國城憬彼大林當途向術於穆
州后仁風遐拂金粟施僧珠纓奉佛結瑤昔
宇構瓊架室鳳穴槩日虹梁入雲電飛窓戶

雷驚橑棼綺籠金鏤縹壁椒薰紼錦亂色丹
素成文髣髴雪宫依俙月殿明室結幌幽堂
啓扇缺一字一虡未窺跧龍誰見帶風蕭瑟含烟
慈蒨西臨天井北拒五臺川谷苞異山林育
材蘇秦説反樂毅奔來鄒魯媿俗汝潁慙能
惟此大城壞異所踐踈鍾嚮度層磐露泫八
聖四禪五通七辯戒香恒馥法輪常轉
開皇六年十二月五日題寫
齊開府長兼行參軍九門張公禮之缺
右隋龍藏寺碑齊張公禮撰而不著書

人名氏集古録謂寺已廢碑在常山府署之門常山即今之真定予近以使事過之聞府治東二里龍興寺有古銅佛一軀崇七十二尺閣之覆者崇百有三十尺與太守同年李君往遊其間見殿前一古碑其趺已没土中讀之乃公禮文盖寺在隋名龍藏歐公謂寺廢與碑在常山府署盖未嘗親歷其地故誤書耳

隋左屯衛大將軍左光禄大夫姚恭

公墓誌銘　并序

（缺四字）諱辯字思辯武威人也導清源於嬀汭

肇崇構於軒丘世（缺二字）斯（缺一字）五世祖泓爲

晉所滅子孫播越居于武威曾祖讚撫軍（缺一

字）軍將軍武威太守並以碩量偉才佐時匡

國父寶散騎常侍（缺二字）山川降神象緯幼而

風韻開爽志節通亮弓彈百步之奇劒（缺字）■

氣馳名遂以材官入選周保定四年起家宗

侍下士天和二年（缺二字）勳勝群帥見囚公頻

進奇謀竟弗能用乃以舟師先濟朝廷（缺二

統營校公撫養士卒勸課農桑莫不家實食
廩人知禮節（缺二字）賞五年從周武帝平定晉
州摧殄高壁十二月進屠并州既（缺一字）公獨
為後距轉戰不衰皇輿獲安公之力也頻蒙
優賞以累（缺字）[redacted]六年從定相州以前後功授
大都督封安養縣開國子邑四（缺）檢校武候
兵事又命公隨上柱國[redacted]掖崇於武陟合戰
又於野馬（缺字）[redacted]相濟寔繁有徒公建旆遙征
攝弓言邁推鋒接戰克著奇功大象（缺二字）戶
開皇元年授上開府儀同三司進爵為公增

邑爲一千戶缺二字所畱即事戎車公誠勇奮
發義同閫外屢出奇兵頻摧醜虜缺二字天府
凡厥賞賜散之士卒二年匈奴復入凉州詔
以公爲行軍缺二字前後衝擊晝夜攻圍校尉
之井既枯將軍之泉又竭空有思梅之缺一字
以亡爲存策勲命賞理在不次五年授右武
候驃騎將軍霍去病缺一字蔑如也六年授雲
州道水軍總管戈船掩渚巨艦浮川河渼肅
缺一字匪曰崇墉基跱聳堞相望邊柝弗驚控
弦遠逝其年授使持節河缺字[redacted]化若神明十

年檢校疊州總管河州刺史行疊州刺史事
公才略（缺三字）弘政教安民和衆於是乎在十
二年轉授左武候將軍尋爲凉州（缺一字）邊烽
寢候毳幕旃裘望風斂迹十六年使持節靈
州總管諸軍事（缺二字）俗易風移政成朞月十
八年授原州道行軍總管十九年授環州道
（缺一字）總管公屢總戎律特精邊事每秋風起
塞胡騎揚塵折衝之狂非公（缺二字）二年授左武
候大將軍進爵蔡陽郡開國公食邑一千五
百戶大啓（缺二字）皇丘欽明御籙睿聖纂圖特

荷天眷恩遇隆重密勿禁衛知無不為缺二字
威等同進位大將軍左武候大將軍如故三
年以母憂去官其年有缺二字自天幾於毀滅
僶俛王事杖而後起四年以官方草創授金
紫光禄大夫[redacted]光禄大夫如故車駕北巡諸
蕃朝朔以舊典糾察整肅軍容乃令公缺一字
旌門洞張内外肅然事嚴細柳吐谷渾大保
五期尼樂周等率衆歸附缺一字鑾蹕西幸底
定渾國乃以公為鬱甲道將軍旗鼓所振莫
不摧殄俘缺一字右光禄大夫左屯衛大將軍

如故乃獻凱廟庭禮崇備物六軍之長[redacted]車駕南巡江都以公京師留守職居爪牙任惟心膂出處崇重朝野榮之大業七年三月遘疾十九日薨於京兆郡春秋六十有六惟公體量宏達缺興義造次弗違虛已推賢始終同致加以雄圖恢廓奇略弘遠氣有餘勇莫之與抗善於御撫得士卒之心長於政術致庶平之美自入統禁旅出缺二字所夙夜匪懈簡在帝心至於敬友穆親輕財貴義家稟誠孝奉以周旋訓不與善遽此歸全知與不知

莫不流涕粵以其年十月癸丑朔二十一日
缺一字有詔故左屯衛大將軍右光祿大夫姚
思辯性理和謹秉心恭愼歷任缺式表哀榮
可贈左光祿大夫又賞賜物八百段粟麥一
千石謚曰恭公

祀缺長瀾若水遠馥薰風時賢繼及世德斯
隆勤王成務啓覊垂功炳靈不已缺冥照落
鴈窮能通猨盡妙蹶張選勇期門待詔職分
七萃官聯五營缺陪衛出擁高旌汜水兵略
常山陣勢卓犖明謀沉深節制功有必取筭

無遺計缺恩寵顯赫身名執恭履順守滿持盈方陪紀岳遽掩佳城遊魂不歸逝川缺春秋遞代徽猷永遠

右隋左屯衛大將軍姚辯墓誌銘虞世基撰歐陽詢正書志稱辯精於邊事屢立大功蓋老將也其官至大將軍而死謚恭公爵亦尊矣而隋史不為立傳向非率更之書後世不復知有辯此古人墟墓之文所以必托之名筆豈無意邪

隋江夏縣緑果道塲塼塔下舍利記

夫至理空冲尋求之源悠緬法身寂寞無方
之應奄臻至如花疊未燃駐影留髮香薪已
燎散體分形故有寶塔珍龕崔嵬四園之上
雲興地踊照曜八國之中俾我聖迹未之湮
隧緣果道場者梁天監十二年太歲癸巳長
史劉端捨宅為寺有命過僧歸闍梨盡心建
造闍梨降自江缺一字氏族未詳戒慧總持甚
有靈驗於是鴻基勝趾締搆日新三業薰脩
七財具足以今大隋大業九年昭賜之歲江
夏縣緣果鄉長劉大懿等遵依勑旨共三鄉

仕民奉（缺二字）齊與道場七層塼塔一所安鎮此地次有清信弟子黄慧龒慧俊慧達等兄弟並德（缺一字）佳雅難兄難弟誓立五根願弘四事於所住宅福瑞累彰亡父於大業三年二月乃於食内感舍利一枚大小相雚覩兹希有安止水器且浸且浮旋遶久之光明遍室頂戴慶禮日申供養到七年正月俊女雞娘又感二枚斯實迹現難思抑聞圖籍次有弟子李藥王信首宿馳賢才簡在雖室無瑞井手闕金錢每用放濟居心傾捨為業以開

皇廿年行至常州境感舍利一枚到大業五
年於所住宅又感二枚昔者阿難捧函如來
讃其希有康會甁寫吳主嗟其神異詢諸經
誥今古同符以今季夏六月八日奉　迎散身
永定基下衆緣賛助普設大齋方俟七級巍
峩接霄房而飈采九盤煜曜寶鐸韻而流聲
上資帝朝爰洎遐邇設使芬盡方城五分之
身常住石銷天袂金剛之地嶷然敢忘議善
乃為銘曰
茫茫宇宙悠悠世間九地衡海四缺二字山三

途有獄五道無關魂隨動泊識（缺一字）循還至
聖何像毚爾惔怕示現無方迦維垂迹等救
燒燃通悲幽溺息衆權城椎輪火宅八十化
盡天人喪師撫膺雨淚香水（缺一字）毗四王典
護八國均持機緣靡隅靈祥俟時坊墳式建
層表臨空非因鬼力詎假神工金盤仰露寶
鐸摇風山移川徙徽業興隆

右隋江夏縣緣果道場磚塔記無書撰
人氏名記中載舍利瑞應之事不一此
非吾之所知但隋碑之傳也者絕少以

予嗜好之萬集録之勤三十年間所得隋碑惟皇甫府君龍藏寺姚辯墓志及此而已

金薤琳琅卷第八

# 金薤琳琅卷第九

太僕少卿吳郡都　穆

唐洛陽令鄭府君碑

唐杳冥君銘

唐郎官石記序

唐故洛州洛陽縣令鄭府君碑

觀夫道周通變青史徽其德庸業濟彞倫丹圖叙其景象所以昭晉長世葳蕤大流而樹聲之（缺一字）爰存相質之端盖闕使夫觀巨仲之行者勵思齊之高懷隨會之功者識與歸

之坐著為不朽文在兹乎公諱敞字仲高滎
陽開封王澧鎬為都犓鄮獻邑作邦作對策
図謀朝之謂才乃公乃侯服冕乘軒之謂貴
門高階峻慶積祚流太尉卑躬置屏風而入
坐尚書納諫曳革履而昇朝思元之憂図恤
王平卿之刺邪矯枉百世之盛莫之與京高
祖先護後魏雍州刺史尚書右僕射驃騎大
將軍儀同三司襄城公行高言象之表道合
運期之數曾祖偉後魏龍驤將軍北徐州刺
史中軍將軍侍中滎陽守襄城公祖大仕隨

上開府儀同三司驃騎將軍渠州刺史襄城
公並文藝武節光圀賛時方龍舟於巨川得
騏驥於大路父仁基隨通事舍𤯔研深機以
開務邁弘操以範俗公降巖廟之宏器蹈珠
王之朗節化其羽翼既收四見之竒伐其條
枚匪辭一覲之速貞觀七秊制策高第蘊越
州都督府參軍事探其洞穴史悉識徵禹之
功步彼高衢而子得遺風之乘入除左領軍
衛兵曹又遷潞州司功參軍事六軍七校戎
政孔殷命十三牒 鈌 府邑之靈氣流縈波之純

液直躬缶色清嚴凜乎秋霜抱質懷文英穎
彬於夏采挹損以弘己寵辱若驚靖恭以臨
王敬慎如祭[redacted]宗望推重召為通事舍王留
疾不拜轉瀛州靖苑令公以為立長以為官
也非立官以為長也於是明察以斷忠信以
寬姧利息機則俗化醇厚浮末不蠲則王用
豊殿缶以立身清逾十仞言必顧義實過盈
尺故王有神明之敬[redacted]有[redacted]父母之親欣詠終朝
石碑在頌又為岐州雍縣令政如清菀亦有
德碑又除益州新繁令加朝散大夫入為司

禋員外郎增秩小黃歸大夫之顯祿拔奇禮
學綜郎官之明祀轉駕部郎中校檢洛陽令俾
乂都王掌傜輦政京太師衆禁疏網闊情有
萬源道難一貫公綜理殷劇馭煩以簡高義
侔於昇雲明道著於夏(乙)旌發伏隱察銖兩
之奸導揚滯美盡銜筴之利化其善教戎生
楚言懷其令聲蟹匡蠶績加以勵精聽斷之
術側席俊秀之才稜威於七貴五侯臧私於
四隱六戚令王除雪既察孝廉行馬療寒即
收門士權豪由其斂手鷄犬所以罕音王渙

巳來政風曠絕稱職之美復存於公朝以為
能𠙶除洛陽縣令無何丁太夫人憂服勤過
禮執喪惟病罔極之心應於木石天降大慼
光覆不追春秋六十九儀鳳三秊十一月十
七(乙)終於萬秊縣之來庭里第嗚呼哀哉粵
以大周久視元秊龍集庚子六月戊寅朔七
(乙)甲申遷窆於洛陽北邙山之平樂原禮也
惟公履仁居德韞風懷雅宏達不器包容無
方牆陰之深則幽室十扉洞房百牖言行之
重則商湯之駟夏后之璜故能參神明以長

圭順◯月以曜物剛以直斷金之精也溫潤以
潔玉之符也方鄰承帝則運平而機致君唐
虞之上書美荆越之竹豈徒校才班伯願試
定襄之煩比義野王求領長安之劇而信順
而逾毁陽
烏假道過峻岐而不息崩隳慕於霜露歸精
靈於缺一字辰昔鄭桐云亡掊玦悲於東里羊
公既殁罷市慟於南州瞻古揆今不之遠也
飾終以薄遺令在言時服編書與揪衣而共
下含珠連玉同瓦器而不藏長子朝議大夫

行果州司功參軍諝第二子越州都督府士曹參軍諲第三子符寶郎諶第四子太子典設郎諤第五子宋州司功參軍訢等鑾節勵行彦士高其式模積學儲寶詞宝貴其淵洽州閭化其邕穆神明通其孝悌思所以揚德來裔垂文永㢠託之不刋以申罔極我聞有命敢作銘云

遷周從錫為公作伯漢台晉衮邦基政本繼期生摠時惟我君猶彼靈鳳翰飛紫氛行高德廣如山如雲曾不助順慭留斯文北山伐

石西卭負土撤殯毁宗遷車奠祖群子克孝
墳塋終古蓼莪長號誰謂荼苦

大周久視元秊六月七㊁建鳳閣舍𤯔

河東薛稷為文并自書丹

右唐洛陽令鄭敞碑薛稷譔并正書碑稱敞上世皆為顯官而敞之為令綽有政績惜乎唐史無傳稷譔此碑在武氏久視元年故碑中之字如地作埊天作而人作𤯔臣作悳國作圀授作稑正作缶日作㊁年作秊之類皆武氏所製故

當時臣下用之非天子不考文此亦可
見武氏僭竊之罪

唐杳冥君銘

悠悠洛邑耿耿伊㙐屢移寒暑頻經歲年丹
嶷幾變陵谷俄遷不覩碑碣空悼風煙其一時
代攸徙窀窮姓氏匪辯缺二字誰分朱紫翠墳
全欹玄扃亦毀久歇火風爰歸埊氺其二靈跡
難訪莫知其狀彷彿旁臺依俙泉帳草積丘
壠松高巖嶂乃眷幽途彌增悲愴其三于彼兆
域是生荊棘松㭊猶存榆錢可識臨見物流缺三

字太息欲致禮於營魂聊寄言於鎸墨

大唐神功元年丁酉歲十月一日鳳閣舍人河東薛稷為文并書丹

右唐杳冥君銘鳳閣舍人薛稷譔并正書此銘集古録不載歐陽公盖未之見趙氏金石録雖列其目而云無書譔人姓名則亦不知其為稷也

銘文但云悠悠洛邑耿耿伊墬又云靈跡難訪莫知其狀則稷未嘗真知墓地盖汎然而銘之耳後讀陳子昂集見其

冥寞君墳記云皇帝因登緱山望少室尋古靈迹得王子晉之遺墟在永水之層曲欲開石室營壽宫庀徒方興得古藏焉内有甕瓦長二丈二尺闊八尺中有古劒一銅椀一瓦器二又有古五銖錢朱漆片及棖撥之應手灰滅即具物備容還定舊壙哀其銘志磨滅姓位不顯乃錫之名曰冥寞君云觀于昂文則墳嘗發於武氏掩而錫之以名亦武氏也夫以殘酷不仁之人而能為此比固

死者之幸但稷曰杳冥此曰冥寞蓋杳
冥冥寞寞無二義也

唐尚書省郎官石記序

朝散大夫行右司員外郎陳九言
撰吳郡張旭書

上天垂象北極著於文昌先王建邦南宮
列為會府六官既辯四方是則大總其綱小
持其要禮樂刑政於是乎達而王道備矣聖
上至德光被睿謀廣運提大象以祐生人躬
無為以風天下三台渟曜百辟承寧動必有

成舉無遺策年和俗厚千載一時而猶搜擇
茂異網羅俊逸野馨蘭芳林殫松秀盡在於
周行矣夫尚書郎廿四司凡六十一人上應
星緯中比神仙咸擅國華以成臺妙修詞制
天一之議伏奏為朝廷之容信杞梓之藪澤
衣冠之領袖頃朝榮初拜或省美中遷昇降
年名各書廳壁訛誤多矣總載闕如非所以
傳故實示不朽者矣今諸公六聯同事三署
並時排金門轢華轂鸞鷺鳳跱肩隨武接而
不因僉謀補其闕典其於義也無乃太簡乎左

司郎中楊公慎餘於是合清論創新規徵追
瑑之良工伐荆藍之美石刊刻為記建於都
省之南榮斵自開元廿九年咸列名于次且
往者不可及來者不可遺非貴自我蓋取隨
時班位以序昭其度也豊約從宜昭其儉也
俾夫金石長固英華靡絶不編班固之年自
然成表未讀馬卿之賦已辯同時不其偉歟
開元廿九年歲次辛巳十月戊寅朔二
日己卯建
右唐尚書省郎官石記序右司員外郎

陳九言譔張長史正書歐陽公謂長史
以草書知名此字真楷可愛曾南豐謂
其精勁嚴重出於自然如動容周旋中
禮非強為者元王文定公謂張公得草
聖不傳之妙其真書在唐乃復精絶顏
魯公書學氣侔造化楷法葢得之於公
又謂其字體似出歐虞自成一家宋龔
明之中吳紀聞云長史蘇人承平時碑
在蘇學中堂之後已漸刓剥兵火後不
復存矣元商德符云石刻舊在京兆今

亡觀明之及商氏之説則此刻在宋元固已艱得予家所藏本未知其出於蘇學或出京兆皆不可知但歷年久遠而紙墨完好誠希世物也

金薤琳琅卷第九

# 金薤琳琅卷第十

太僕少卿吳郡都　穆

唐臧尚書碑

唐玄靖李先生碑

唐故右武衛將軍贈工部尚書上柱
國上蔡縣開國侯臧公神道碑銘并序
金紫光禄大夫行撫州刺史上柱
國魯郡開國公顔真卿撰并書
翰林待詔光禄卿李秀巖篆額
公諱懷恪字貞節東莞人其先出于魯孝公

之子彄字子臧大夫不得祖諸侯其孫以王
父字爲氏倍哀二伯既納忠於魚鼎文武兩
仲亦不朽於言哲丈人成功而遁迹子原抗
節而捨生義和辭金飾之器榮緒奮陽秋之
筆賢達繼軌紛綸至今曾祖滿隋驃騎將軍
祖君龍皇通議大夫靈州督府長史父善德朝
散大夫贈銀州刺史咸務遠圖克開厥後恤
亂之慶世祀宜哉公即銀州之第三子也身
長六尺一寸眉目雄朗鬚髯灑秀雅善騎射
尤工尺牘沉静少言寬仁得衆竒謀沖邈英

勇冠倫友于弟兄謹爾鄉黨每敦詩而執禮
不茹柔以吐剛蒞事而剖判泉流臨戎而智
略鋒起古所謂文武不墜高明有融者焉少
以勳勞亟紆戎級開元初嘗遊平盧蜀奚室
韋大下公挺身與戰所向摧靡繇是發名玄
宗聞而嘉之拜勝州都督府長史銳精佐理
絜矩當官朔漠不空邊隅用人俄拜左衛率
府左郎將轉右領軍中郎將燕安北都護中
受降城使朔方五城都知兵馬使戎事齊足
十萬維群我代用張軍威以肅由是深爲節

度使王畯所器奏充都知兵馬使嘗以百五十騎遇突厥斬啜八部落十萬餘衆於狼頭山殺其數百人引身據高環馬禦外雨矢如雨公徒且殲遽而紿之曰我爲臧懷恪敕令和汝何得與我拒戰于時僕固懷恩父設之適在其中獨遮護之諸部落持疑不肯公封羊以盟之仗義以責之衆皆感激由此獲免遂與設之部落二千帳來歸後充河西軍前將盤禾安氏有馬千駟怙富不虔一族三人立皆毆斃軍州悚懷讋敢不祗[redacted]爲節度招

國蕭嵩所賞後充河源軍使兼隴右節度副
大使關西兵馬使拜右武衛將軍吐蕃不敢
東向者累年俄封上蔡縣開國侯開元十二
年歲次甲子春二月二十有六日薨于鄯城
之官舍享年五十六其年八月二十三日詔
曰故具官某頃以幹能亟承任使操行逾謹
勞効未酬不幸遷殂良增追悼可贈右領軍
衛大將軍即以其年冬十月庚戌遷窆于京
兆府三原縣北原禮也嗚呼公兄左羽林軍
大將軍平盧副持節懷亮以方虎之材膺爪

牙之任孔懷斯切致美則深七子游擊將軍
崇仁府折衝希崇豐州𩰚贈宋州刺史希袒
左武衛將軍朔方節度副使贈太子賓客希
忱右衛左郎將𠛬南討擊副使贈汝州刺史
希愔右驍衛郎將静邊軍使贈祕書監希景
寧州刺史左金吾衛將軍贈揚州大都督希
晏開府儀同三司行太子詹事兼御史大夫
邠寧山南觀察使集賢待制工部尚書滑北
節度使魯國公希讓等夙漸詩禮恭承教義
芬潤挺蘭玉之姿英威彎虓𤜵之質而希讓

識度弘遠器謀沉邃仁親以孝殷國以忠綽
裕冠於人倫勲勞懋於王室至德中令上爲
元帥東伐肇允押牙從收兩京陟降左右入
侍帷幄既崇翼戴之功出擁麾幢載叶澄清
之寄加以篤睦群從糺綏宗族吉凶贍恤終
始無渝行道之人孰不嗟尚肅宗以公有謀
翼之勤乾元三年春三月贈魏州刺史寶應
元年冬十月又贈太常卿廣德元年冬十月
詔曰孝以立身可揚名於後代忠能事主故
追榮而及親開府儀同三司兼御史大夫元

師都虞候魯國公臧希讓亡父贈太常卿懷
恪業茂勳賢地華簪紱佩忠信而行已包禮
樂以資身守節安卑幽貞自處蓍蒙全正聲
利不營雖與善無徵促靈悲於逝晷而積善
垂祐餘慶光於後昆故得業濟艱難功參締
出有藩條之寄入多爪牙之任位以德
遷禮宜加等父由子貴贈合超倫宜登八座
之榮式慰九原之路又贈工部尚書褒異之
典於斯爲盛臧氏自驃驍而下世以材雄朔
陲尚書既還特以功懋賞代兄弟子姪勳賢

間出自天寶距開元至来朱輪而拖珪組數百
人迨于今茲繁衍彌熾縮軍州而握兵要者
相望國都有後之慶固殊異於他族者矣真
卿早歲與公兄子謙爲田蘇之游敦伯仲之
契晚從大夫之後每接嘗寮之歡故公之世
家竊備見聞敢述遺烈將無媿辭銘曰
魯史褒者臧孫有之陳魚則諫納鼎以規殁
貴言立時稱聖爲仁昭典墳智叶蓍龜世濟
忠肅（缺字）光羽儀以至大公英明雄毅鶚視騰
彩龍驤作氣鋒淬霜陵妙窮金匱謀猷泉寫

翰墨風馳儒勇是兼勳庸以位介馳戎馬猛
奮虓虎絶漠援孤連丘戰苦萬虜鳴鏑紛紛
如雨一身抗詞諤諤連柱精貫霜日氣雄鉦
鼓狄人義激傑固誠全恥漫窮裔隨降幾千
野靜沙雪風恬寒煙我騎如雲我旗連天牧
無南向凱有北全天子休之命侯開國諿福
而壽康衢騁力奚命之邅幽扃是即十城王
折萬里鵬息陣雲蒼蒼日暮無色令人趨奉
天眷孔明九原不作八座哀榮勇列徽範芳
時懿名里成冠蓋族茂簪纓萬古千祀瞻言

涕零

右唐臧尚書墓碑顔魯公撰幷正書尚
書墓在陝西之三原縣顔公此刻人間
少傳予向以使事道陝得之尚書七子
希崇希旭希忱希愔希景希晏希讓皆
為顯官而希讓至魯國公顔公文集復
有臧氏糾宗碑書七子官爵與此不同

唐茅山玄静先生廣陵李君碑銘𢃄

金紫光禄大夫行湖州刺史上柱
國魯郡開國公顔真卿撰幷書

先生姓李氏諱含光廣陵江都人本姓弘以
孝敬皇帝廟諱改焉二十一代祖宏江夏太
守避王莽徙居晉陵遂為郡人高祖文嶷陳
桂楊王國侍郎曾祖榮皇朝雷州司馬祖師
龕隱居以求其志徙于江都父孝感博學好
古雅修彭聃之道與天台司馬練師子微為
方外之交尤以篤慎[redacted]著于州里考行議謚
曰正隱先生母琅邪王氏賢明有德行先生
孩提則有殊異晬日獨取孝經如捧讀焉羈
丱好靜處誦習墳典年十八志求道妙遂師

事同邑李先生遊藝數年神龍初以清行度
為道士居龍興觀尤精老莊周易之深趣執
喪過哀口不嘗甘旨之味食惟穬麥而已封
植膳羞皆經其手號毀骨立親族莫不傷之
開元十七年從司馬鍊師於王屋山傳授大
法靈文金記一覽無遺綜核古今該明奥旨
玄宗知先生徧得子微之道乃詔先生居王
屋山陽臺觀以繼之歲餘請居茅山纂脩經
法頻徵皆謝病不出天寶四載冬乃命中官
賫璽書徵之既至延入禁中每欲諮禀必先

齋沐他日請傳道法先生辭以足疾不任科
儀者數焉玄宗知不可而止先生嘗以茅山
靈跡剪焉將墜真經秘籙亦多散落請歸修
葺乃特詔於楊許舊居紫陽以宅之仍賜絹
二百疋法衣兩副香爐一具御製詩及序以
餞之又禁於山側採捕漁獵食葷血者不得
輒入公私祈禱咸絕牲牢先生以六載秋到
山是歲詔書三至遲澤頻繁輝映崖谷初山
中有上清真人許長史楊君陶隱居自寫經
法歷代傳寶時遭喪亂散逸無遺先生奉詔

搜求悉備其跡而進上之先時玄宗將求大
法請先生為師先生竟執謙沖辭疾而退
七載春玄宗又欲受三洞真經以其年春之
三月中官齎璽書云其月十八日赴授經詣
是日於大同殿潔修其事遂遥請先生為玄
師并賜衣一襲以申師資之禮因以玄靖為
先生之嘉號焉仍詔刻石於華陽洞宫以志
之是歲夏五月隱居先生合丹之所有芝草
八十一莖散生於松石之間詔俾先生於中
官啓告靈仙緘封表進夏又詔以紫陽觀側

近二百戶太平崇元兩觀各一百戶並蠲其
官徭以供香火秋七月又徵先生旣至請居
道觀以養疾九載春辭歸舊山其年夏六月
前生靈芝之所又産三百餘莖煌煌秀異人
所莫覩先生又圖而奏之是歲冬又徵先生
於紫庭別院館之十載秋先生又懇詞告老
御製叙序詩以餞之十有一載先生奉詔與門
人韋景昭等於紫陽之東鬱岡山別建齋院
立心誠肅是夜仙壇林間遍生甘露因以上
聞特詔嘉異初隱居先生以三洞真法傳昇

玄先生昇玄付體玄先生體玄付正一先生
正一付先生自先生距於隱居凡五葉矣皆
総習妙門大正古文法所以茅山為天下道學
之所宗矣於戲是之非可齊也物我均焉生死
可忘也覺夢同焉如此者何域心於變化之
際哉先生以大曆己酉歲冬十一月十有四
日遯化於茅山紫陽之別院春秋八十有七
其年十二月八日門人赴喪而至者凡數千
人號奉冠舄遷窆于雷平山之西陲遺命以
松棺竹杖木几水瓶香奩香爐置於藏內門

弟子等仰奉嘉猷克遵儉德先生識恩真淳業行高古道窮情性之本學冠天人之際所以優游句曲鬱為王者之師出入明庭特寵肩輿之貴是知順風而問昔稱於黃帝望山而請今見於玄宗矣又博覽群言長於著撰嘗以本草之書精明藥物事關性命難用因循著音義兩卷又以老莊周易為潔淨之書著學記義略各三篇內學記二篇以續仙家之遺事皆名實無違詞旨該博初先生幼年頗工篆籀而隸書尤妙客或賞之云賢於其

父因投筆不書玄宗詔山人王旼強請先生
楷書上經一十三紙以補楊許之闕先生能
於陰陽數術之道而不以藝業為能極於轉
練服食之事而不以壽養為極但冥懷素朴
妙味玄津非夫博大之至人孰能盡於此真
卿乾元二年以昇州刺史充浙江西節度欽
承至德結慕玄微遂專使致書於茅山以抒
誠懇先生特令韋鍊師景昭復書於真卿恩
眷綢繆足勵超然之志然宗師可仰望紫府
而非遥王事不遑寄白雲而攸遠洎大曆六

年真卿罷刺臨川旋舟建鄴將宅心小嶺長
庇高蹤而轉刺吳興事乖夙願徘徊郡邑空
懷尊道之心瞻望林巒永負借山之記而景
昭洎郭閎等以先生茂烈芳猷願銘金石乃
邀道士劉明素求託斯文真卿與先生門人
中林子殷淑遺名子韋渠牟嘗接釆真之遊
緒聞含一之德敢強名於巷黨曷足辯於鴻
濛其詞曰
抱一混茫人之紀綱先生以之氣王神強乃
啓玄旨玄門以彰乃爲帝師帝道惟康甘露

呈瑞靈芝効祥上士云感髙風再揚鶴返仙
廟雲辭帝鄉退歸而老妙識行藏德本無累
道心有常寔曰形解孰云坐忘代石表墓勒
銘傳芳谷變陵遷厥跡彌光

大曆十二年夏五月建渤海吳崇休鐫

右唐玄靖李先生碑顔魯公撰并正書
碑稱隱居先生以三洞真法傳升玄先
生升玄付體玄先生體玄付正一先生
正一付先生自先生距隱居凡五葉矣
今考之隱居先生者梁陶弘景升玄為

王遠知體玄爲潘師正正一爲司馬子
微三人唐書有傳惟玄靖無之予嘗遊
茅山至王晨觀其前有雷平池池南爲
伏龍岡玄靖葬其上碑今在觀中四周
皆刻文字道士以亭覆之

金薤琳琅卷第十

# 金薤琳琅卷第十一

太僕少卿吳郡都　穆

唐千福寺多寶佛塔碑

唐顏魯公與郭僕射書

唐西京千福寺多寶佛塔感應碑

南陽岑勛撰朝議郎判尚書武部員外郎琅耶顏眞卿書朝散大夫檢校尚書都官郎中東海徐浩題額

粤妙法蓮華諸佛之秘藏也多寶佛塔證[redacted]之踊現也發明資乎十力弘建在於四依有

禪師法號楚金姓程廣平人也祖父並信著
釋門慶歸法衜母高氏久而無姙夜夢諸佛
覺而有娠是生龍象之徵無取熊羆之兆誕
彌厥月炳然殊相岐嶷絕於葷茹髫齔不為
童遊道樹萌牙聳豫章之楨幹禪池畎澮涵
巨海之波濤年甫七歲居然猒俗自誓出家
禮藏探經法華在手宿命潛悟如識金環總
持不遺若注瓶水九歲落髮住西京龍興寺
從僧籙也進具之年昇座講法頓收珍藏異
窮子之疾走直詣寶山無化城而可息爾後

因靜夜持誦至多寶塔品身心泊然如入禪
定忽見寶塔宛在目前釋迦分身遍滿空界
行勤聖現業淨感深悲生悟中淚下如雨遂
布衣一食不出戶庭期滿六年誓建茲塔既
而許王瓘及居士趙崇信女普意善來稽首
咸捨珍財禪師以為輯莊嚴之因資爽塏之
地利見千福默議於心時千福有懷忍禪師
忽於中夜見有一水發源龍興流注千福清
澄泛灎中有方舟又見寶塔自空而下久之
乃滅即今建塔處也寺內淨人名法相先於

其地復見燈光遠望則明近尋即滅竊以水流開於法性舟泛表於慈航塔現兆於有成燈明示於無盡非至德精感其孰能與於此及禪師建言雜然歡愜負畚荷插于橐于橐登登憑憑是板是築灑以香水隱以金鎚我能竭誠工乃用壯禪師每夜於築階所懇志誦經勵精行道衆聞天樂咸嗅異香喜歎之音聖凡相半至天寶元載創構材木肇安相輪禪師理會佛心感通帝夢七月十三日勅內侍趙思偘求諸寶坊驗以所夢入寺見塔

禮問禪師聖夢有字法名惟肖其日賜錢五十萬絹千匹助建脩也則知精一之行雖先天而不違純如之心當後佛之授記昔漢明永平之日大化初流我皇天寶之年寶塔斯建同符千古昭有烈光於時道俗景附檀施山積庀從度財功百其倍矣至二載勑中使楊順景宣旨令禪師於花蕚樓下迎多寶塔額遂總僧事備法儀宸睠俯臨額書下降又賜絹千疋聖札飛毫動雲龍之氣象天文挂塔駐日月之光輝至四載塔事將就表請慶

齋歸功帝力時僧道四部會逾萬人有五色
雲圍輔塔頂衆盡瞻覩莫不崩悦大哉觀佛
之光利用賓于法王禪師謂同學曰鵬運滄
溟非雲羅之可頓心遊寂滅豈愛網之能加
精進法門菩薩以自強不息本期同行復遂
宿心鑿井見泥去水不遠鑽木未熱得火何
階凡我七僧聿懷一志晝夜塔下誦持法華
香煙不斷經聲遞續烱以為常没身不替自
三載每春秋二時集同行大德四十九人行
法華三昧尋奉恩旨許為恒式前後道場所

感舍利凡三千七十粒至六載欲葬舍利頂
嚴道場又降一百八粒畫普賢變於筆鋒上
聯得一十九粒莫不圓體自動浮光瑩然禪
師無我觀身了空求法先刺血寫法華經一
部菩薩戒一卷觀普賢行經一卷乃取舍利
三千粒盛以石函無造自身石影跪而戴之
同置塔下表至敬也使無舟遷夜壑無變度
門劫筭墨塵永垂貞範又奏為主上及蒼生
寫妙法蓮華經一千部金字三十六部用鎮
寶塔又寫一千部散施受持靈應既多具如

本傳其載勑内侍吳懷實賜金銅香爐高一
丈五尺奉表陳謝手詔批云師弘濟之願感
達人天莊嚴之心義成因果則法施財施信
所宜先也主上握至道之靈符受如來之法
印非禪師大慧超悟無以感於宸衷非主上
至聖文明無以鑒於誠願倬彼寶塔爲章梵
宫經始之功眞僧是葺克成之業聖主斯崇
爾其爲狀也則岳聳蓮披雲垂蓋偃下欻崛
以蹋地上亭盈而媚空中晻晻其靜深旁赫
赫以弘敞礝碱承陛琅玕碎檻玉瑱居楹銀

黄拂戸重簷疊於書栱反宇環其壁瑠坤靈
贔屓以負砌天祇儼雅而翊户或復肩拏摯
鳥肘擐脩虵冠盤巨龍帽抱猛獸勃如戰色
有赩其容窮繪事之筆精選朝英之偈賛若
乃開扃鐍窺奥祕二尊分座疑對鷲山千帙
發題若觀龍藏金碧炅晃環珮葳蕤至於列
三乘分八部聖徒翕習佛事森羅方寸千名
盈尺萬象大身現小廣座能卑須彌之容欻
入芥子寶蓋之狀頓覆三千昔衡岳思大禪
師以法華三昧傳悟天台智者爾來寂寥罕

毋真要法不可以久廢生我禪師克嗣其業繼明二祖相望百年夫其法華之教也開玄關於一念照圓鏡於十方指陰界爲妙門驅塵勞爲法侶聚沙能成佛道合掌巳入聖流三乘教門總而歸一入萬法藏我爲最雄譬猶滿月麗天螢光列宿山王映海蟻垤群峯嗟乎三界之沉寐久矣佛以法華爲木鐸惟我禪師超然深悟其貌也岳瀆之秀氷雪之姿果脣貝齒蓮目月面望之儼即之温覩相未言而降伏之心已過半矣同行禪師抱玉

飛錫龔衡台之祕蹋傳止觀之精義或名高
帝選或行密衆師共弘開示之宗盡契圓常
之理門人苾芻如巖靈悟淨真真空法濟等
以定慧爲文質以戒忍爲剛柔含朴玉之光
輝等旃檀之圍繞夫發行者因因圓則福廣
起因者相相遣則慧深求無爲於有爲通解
脱於文字舉事徵理含毫强名偈曰佛有妙
法比象蓮華圓頓深入真淨無瑕慧通法界
福利恒沙直至寶所俱乘大車其於戲上士
發行正勤緬想寶塔思弘勝因圓階已就層

覆初陳乃昭帝夢福應天人 其輪奐斯崇為
章淨域眞僧草創聖主增飾中座耽耽飛簷
翼翼莽臻靈感歸我帝力 其念彼後學心滯
迷封昏衢未曉中道難逢常驚夜杌還懼眞
龍不有禪伯誰明大宗 其太海吞流崇山納
壤教門稱頓慈力能廣功起聚沙德成合掌
開佛知見法為無上 其情塵雖雜性海無漏
定養聖胎染生迷觳斷常起縛空色同謬薝
蔔現前餘香何嗅 其形形法宇緊我四依事
該理暢玉粹金輝慧鏡無垢慈燈照微空王

可託本願同歸其七
天寶十一載歲次壬辰四月乙丑朔廿
二日戊戌建勑檢校塔使正議大夫行
內侍趙思偘判官內府丞車沖檢校僧
義方河南史華刻
右千福寺多寶塔碑唐岑勛撰顏真卿
書正顏公之書多矣惟此碑盛傳人間歐
陽公作集古録跋尾而此獨見遺惟趙
氏金石録有之謂多寶塔者僧楚金所
造楚金嘗寫法華經千餘部寘塔中趙

氏復謂於七大夫家數見之則楚金之書至宋猶有存者碑今在陝西西安府學

唐顏魯公與郭僕射書

十一月（缺一字）一日金紫光禄大夫檢校刑部尚書上柱國魯郡開國公顏眞卿謹奉書于右僕射定襄郡王郭公閤下盖太上有立德其次有立功是之謂不朽抑又聞之端揆者百寮之師長諸侯王者人臣之極地今僕射挺不朽之功業當人臣之極地豈不以才為世

出功冠一時挫思明跋扈之師抗迴紇無猒
之請故得身畫淩煙之閣名藏太室之廷可
威足畏也然美則美矣然而終始之難故曰
滿而不溢所以長守富也高而不危所以長
守貴也可不警懼乎書曰爾惟弗矜天下莫
與汝爭功爾惟不伐天下莫與汝爭能以齊
桓公之盛業片言勤王則九合諸侯一匡天
下葵丘之會微有振矜而叛者九國故曰行
百里者半九十里言晚節末路之難也從古
至今㠯我高祖太宗已來未有行此而不理

廢此而不亂者也前者菩提寺行香僕射指
麾宰相與兩省臺省已下常參官並為一行
坐魚開府及僕射率諸軍將為一行坐若一
時從權猶未可何況積習更行之乎一昨以
郭令公父子之軍破犬戎兇逆之衆衆情欣
喜恨不預而載之是用有興道之會僕射又
不悟前失徑率意而指麾不顧班秩之高下
不論文武之左右苟以取悅軍容為心曾不
顧百寮之側目亦何異清晝攫金之士哉甚
非謂也君子愛人以禮不聞姑息僕射得不

深念之乎眞卿竊聞軍容之為人清修梵行
深入佛海況乎收東京有殄賊之業守陝城
有戴天之功朝野之人所共貴仰豈獨有分
於僕射哉加以利衰塗割恬然於心固不以
一毀加怒一敬加喜尚何半席之座咫尺之
地汨其志哉且鄉里上齒宗廟上爵朝廷上
位皆有等威以明長幼故得彝倫叙而天下
和平也且上自宰相御史大夫兩省五品以
上供奉官自為一行十二衛大將軍次之三
師三公令僕少師保傅尚書左右丞侍郎自

為一行九卿三監對之從古以然未嘗差錯
至如節度軍將各有本班卿監有卿監之班
將軍有將軍之位如無軍容階雖開府官即
監門將軍朝廷縱是開府特進並是勳官用
蔭即有高卑會讌合依倫叙豈可裂冠毁冕
反易彝倫貴者為卑所凌尊者為賤所偪一
至於此振古未聞如魚軍容階雖開府官即
監門將軍朝廷列位自有次序但以功績既
高恩澤莫二出入王命衆人不敢為比不可
令居本位須別示有尊崇只可於宰相師保

座内横安一位如御史臺衆尊知雜事御史
別置一榻使百寮共得瞻仰不亦可乎聖皇
時開府高力士承恩宣傳亦只如此横座亦
不聞別有禮數亦何必令他失位如李輔國
倚承恩澤徑居左右僕射及三公之上令天
下疑怪乎古人云益者三損者三友願僕
射與軍容為直諒之友不僕射為軍容佞
柔之友又一昨蒙僕射謂左右丞勾當
尚書當時輒未訓對僕射張曰見尤介
衆之中不欲顯過今者興道之會還爾遂非

冊獨入座尚書欲令便向下[illegible]縣軍城之禮亦恐未然朝廷公讌之宜[illegible]若此令既若此僕射意只應以為尚書之[illegible]僕射若州佐之與縣令乎若以尚書同於縣令則僕射見尚書令得如上佐事刺史乎缺二字不然令既三廳齊列缺一字明不同刺史矣且尚書令與僕射同是二品只投上下之階六曹尚書並正三品又非隔品致敬之類尚書之事僕射禮數未敢有失僕射之顧尚書何乃欲同卑吏又據宋書百官志八座同是第三品皆

及國家始別作二品高自標致誠則尊崇向
下擠排（缺一字）意傷甚況再於公堂（缺一字）咄尚
伯當為令公初到不欲紛披僶俛就命亦非
理屈朝廷紀綱須共存立過爾隳壞亦恐及
身明天子忽震雷含怒責斁彝倫之人則僕
射將何（缺一字）以對

右唐顔魯公與郭僕射英乂書世所謂
争坐位帖此其草也世人重公名節故
併重其書重其書故草草之筆亦摹刻
人其可以不立德邪

金薤琳琅卷第十一

# 金薤琳琅卷第十二

太僕少卿吳郡都　穆

唐嵩岳少林寺碑

唐少林寺靈運禪師碑

唐少林寺戒壇銘

唐嵩岳少林寺碑

銀青光禄大夫守吏部尚書上柱

國正平縣開國子裴漼文并書

原夫星垂梵界聖緣開萬化之先日照(缺一字)

宫神跡藴三靈之始包至虚以見世象教乆

傳於曠刦籠群有以示凡法身初應於中古
見神通之力廣拔苦因開智惠之門深明樂
界鶴林變色覩其戀慕之心鴈塔開扉通其
瞻仰之路少林寺者後魏孝文之所立也東
京近甸大室西偏正氣居六合之中清都控
九州之會緱山北峙亘宛洛之天門頴水南
流連荆河之雲澤信帝畿之靈境陽城之福
地沙門跋陁者天竺人也空心玄粹惠性淹
遠傳不二法門有甚深道業緬自西域來遊
國都孝文屈黄屋之尊申繡林之敬太和中

詔有司於此寺處之淨供法衣取給公府法
師迺於寺西臺造舍利塔塔後造飜經堂香
水成塗金繩為約苦心精力俾夜作晝多寶
全身之地不日就功如來金口之說連雲可
庇西緣長澗夾松栢之蕭森北拒深崖覆筠
篁之冥密煙花濃靄暝下天香泉籟清音曉
傳空樂跋陁息心慈地樂靜安居感而遂通
境來斯證寤寐之際若有神人致石磬一長
四尺規制自然聲律咸具得之河曲空聞漢
使之談浮于泗濱徒入夏王之貢管絃風夜

合清響於中天鍾梵霜晨諧妙音於上刼時有三藏法師勒那䳒譯經論遊集刹土稠禪師探求正法住持塔廟虬箭不居光塵易遠虹梁所指象設猶存周武帝建德中（缺一字）元嵩之說斷釋老之教率土伽藍咸從廢毀明皇帝繼明正位追崇景福大象中初復佛象及天尊象迺於兩京各立一寺因孝思所置以陟岵為名其洛中陟岵即此寺也隋高祖受禪正朔既改徽號已殊惟此寺名特（缺一字）仍舊開皇中有詔二教初興四方普洽山林

學徒歸依者衆其栢谷屯地一百頃宜賜少林寺大業之末九服分崩群盜攻剽無限真俗此寺為山賊所劫僧徒拒之賊遂縱火焚塔院院中衆宇倏焉同滅瞻言靈塔巋然獨存天龍保持山祇福護神力所及昔未曾有寺西北五十里有栢谷墅群峯合沓深谷逶迤復磴緣雲俯窺龍界髙頂拂日傍臨鳥道居晉成塢在齊為郡王充潛號署曰轘州乘其地險以立峯戍擁兵洛邑將圖梵宫皇唐應五運之休期受千齡之景命掃長蛇荐食

之患拯生人塗炭之災太宗文皇帝龍躍太
原軍次廣武大開幕府躬踐戎行僧志操惠
瑒曇宗等審靈睠之所往辯謳歌之有屬率
衆以拒僞師抗表以明大順執充姪仁則以
歸本朝太宗嘉其義烈頻降璽書宣慰既奉
優教兼承寵錫賜地四十頃水碾一具即栢谷莊是
也迨海宇既平憲章云始僞主寺觀盡令廢
除僧善護洞曉二門遠該三行詣闕進表特
嘗置立武德中寺有白雀見貞觀中明禪師
造重塔之辰白雀復瑞見璿圖肇啓初欲呈

祥寶殿纔興遽聞相賀高宗天皇大帝光紹
鴻業欽明至理嘗因豫遊每延聖敬咸亨中
乘輿突止御飛白書題金字波若碑留幡象
及施物永淳中御札又飛白書一飛字題寺
辟雲開顧鶴電搏遊龍神草競秀於榭塗雲
泉迴飛於錦石雕甍增耀若綴春葩金疊分
輝似懸秋露天皇升遐則天大聖皇后為先
聖造功德垂拱中有冬竹抽笋塔院後復有
藤生證聖中中使送錢於藤生處修理階陛
寺上方普光堂功德隨日修造自爾飛鳥莫

敢翔集此寺跂陁蹠置業造神徽皇家尊崇
事光幽秘珍符荐臻於動植靈應亟發於庭
除累聖屬心毋頒渥澤王言宸翰既疊映於
鷄峯寶像珠幡亦交馳於龍龕皇上睿圖廣
運神用多能藉明臺之化清繹天池之墨妙
以此寺有先聖締搆之跡御書碑額七字十
一年冬爰降恩旨付一行師賜少林寺鐫勒
梵天宮殿懸日月之光華佛地園林動煙雲
之氣色漢元魏武徒衒奇於篆素鍾繇蔡雍
虛致美於緗簡日者明勑令天下寺觀田莊

一切括責皇上以此寺地及彌先聖光賜多
歷年所襟帶名山延袤靈跡群仙是宅邁羅
閣之金峯上德居之掩育王之石室特還寺
衆不入官收曾是國土崇絶天人歸仰固以
名冠諸境禮殊恒剎矣高僧跋陁明三藏心
禪諸門弟子惠光道房稠禪師等精勤梵行
克傳勝業惠光弟子僧達曇隱法上法師等
十大德亦號十英復有達摩禪師深入惠門
津梁是寄弟子惠可禪師等玄悟法寶晉託
玆山周大象中寺初復選沙門中德業灼然

者置菩薩僧一百廿人惠遠法師洪遵律師
即其數也皇唐貞觀之後有明遵慈雲玄素
智勤律師虚求一義洞真諦之源復有大師
諱法如爲定門之首傳燈妙理弟子惠超妙
思奇挍遠契玄蹤文翰焕然宗塗易曉景龍
中勑中岳少林寺置大德十人數内有闕寺
中抽補人不外假座無虚授澄什聯華林遠
接武星霜殆周於二紀蘭菊每芳於十步上
座寺主都維那等牢籠法藏遊息禪林德罄
神珠戒成甘露海内靈岳莫如嵩山山中道

（缺一字）茲為勝殿二室迴合八谷潺湲地匝貝
花門連石柱妙樓香閣俯暎喬林金剎寶鈴
上摇清漢法界之幽賛如彼皇家之福應如
此天長地久不傳忉利之宫刼盡塵微孰記
鐵圍之會精求貞石博訪良工將因墨客之
詞或頌金仙之德聿宣了義遠喻（其空其詞曰）
恒汳國土微塵品類妄見飛奔正心蘊櫝[redacted]
昏途莫曉爭根將墜樂於盖纒若安夢寐丞
哉大聖降跡閻浮潜迴寶軸廣運慈舟實無
滅度示有降柔紺宫西闢白馬東流迷因愓

生悟為信起玉剎斯建寶山載峙花臺竹林
清泉妙水静惟真相湛然攸止巖巖嵩嶺河
洛巨鎮下屬九溪上干千仞天磴重阻仙都
清峻式創招提是資誘進婉彼上德載誕耆
闍傳業西土演教中華孝文申敬恩錫仍加
經營宴室迴出雲霞中岳北阯嵩高西麓斜
界玉池洞開栢谷紆餘崗澗連延水木鬱起
旃擅云誰卜築吾師苦行清修道場勵精像
宇專力經堂金界繩直樹塗水香散花有地
棲禪得方觧空應真默識開士乘盃遊集振

錫厖止飜譯幽倡發揮妙理仙磬感靈神雀
降祉運交土木代歷周隋刼火逝起魔風競
吹法身咸翳淨國同隳或聞興復詎振崩離
神蕘應期撥亂反正皇矣覺力大弘福慶式
遏醜徒聿扶興聖果降恩旨熏敷錫命高宗
時豫先后卜征亟廻雕輦屢倚虹旌巖題玉
札地振金聲珍符荐至在物斯呈我皇龍興
有典咸秩懿兹上界式儲神筆雲摇大圍鸞
廻少室草垂仙露林昇佛日護持八正每候
能仁跋陁降德稠公有隣厥後真侶更傳了

因辯才高行無替清塵倬焉梵衆代有明哲
今我諸公藴彼禪悦芳越薌杜淨踰氷雪遠
締津梁無非苦節潁上靈岳山間寶殿秀出
梵天孤標神縣芥城可謂桑田有變貞石永
刊靈花常遍

開元十六年七月十五日建

右唐嵩岳少林寺碑守吏部尚書裴漼
撰并正書少林寺在河南登封縣少室
山麓去嵩岳二十里嵩岳一稱太室故
有少室而此寺曰嵩岳者統於尊也予

正德癸酉嘗遊嵩岳訪少室留宿寺中
見殿後有立雪堂相傳昔達磨之徒惠
可欲嗣其法雪深至腰不去此即其處
寺右上山三里有達磨洞洞有石達磨
面之九年形宛然石上其事甚異達磨
為釋氏西來初祖可稱二祖碑雖及其
人而二事皆不之載寺復有太宗與僧
教書石刻蓋太宗為秦王時寺之僧禽
王世充以獻故太宗賜書褒美而碑云
僧執世充姪仁則以歸與教書不同予

故書之以見古人之文不無缺誤如此
然非予之親歷則亦莫能知也

唐少林寺靈運禪師塔碑并序
宣德郎試大理評事崔琪譔
聖善寺沙門勤缺

虚空廣大乎其體智慧圓融乎其用凝而不
生湛爾常寂離修離證非色非心歷微塵劫
遍字缺一沙界無量國土皆清淨無量昏暗皆
光明誰其得之吾聞諸上人矣上人諱靈運
蕭姓蘭陵人梁武帝後皇考翦犡州恒農縣

尉初上人之生也戒珠孕於母胎定水澂於
孩性内典宿植外學生知白雲疑其高志明
氷峻其苦節泛如也時不能知常以為幻境
非實泡身是妄五色令人昏五音令人聾五
味令人爽噫輪彼生㓕無時息焉吾將歸根
以復于正因遊嵩山至少林寺有始終之意
焉勇氏掾于高平而上人遂錙於此郡王立
凡石不可踰其炯然日映衆星無以方其明
者竟稼隸茲寺缺一字　副乎夙心無何習禪决
於龐塢珪大師潛𢍰密得以真貫理照十方

於自空脱三界於彼著慧眼既淨色身亦如
始知夫心外無法所得者皆夢幻耳然後觀
大地土木無非佛刹焉空山蒼然窮歲默坐
猿對茶椀鳥棲禪庵彼嶺雲無心即我心矣
彼澗水無性即我性矣夫如是孰能以凡聖
量之乎故吾在造化中如夢中也粤開元十
有七祀夏五月廿二日不示以疾泊然而終
苦霧晦黄於天地悲風哀咽於草木吁崩吾
禪山涸吾法海空世界使凡百含識大千有
情茶於是火於是可勝言哉故門人堅順獨

建靈塔於茲山奉遺教也夫碩德丕發不有
超世先覺而出夫等夷者則曷能傳我法印
以一燈然千萬燈乎彼上人者巋然倬立以
定慧為藏以涅槃為山圓通於不注之境出
没於無涯之域適來時也適去順也今則終
矣瞻仰如之何夫事往則迹移歲遷則物換
况法與化永念從心積豈可使上人之高踨
而不紀是斵于石以旌斯文銘曰
上人伊何傳我法印其體也寂其行也順紛
彼識浪汨夫妄情非照不瞭非澄不清作大

毉王爲大禪伯岳立松古遵青月白一朝化
滅六合悽愴世界颯空雲山忽曠色身謝兮
法體存金界慘兮鐵圍昏噫我所留者唯心
源

天寶九載四月十五日門人堅順建

右唐少林寺靈運禪師碑試大理評事
崔琪撰會善寺沙門行書而缺其名予
向遊少林愛其中碑刻時值大雪命人
搨之此其一也或誚予好奇之過而不
知予之所得抑亦多矣

少林寺戒壇銘并序

三藏法師義淨製

粤以長安四年歲次甲辰四月七日此寺綱維寺主義奘上（缺一字）智寶都維那大舉法濟禪師及徒衆（缺一字）以少林山寺重結戒壇欲令受戒懺儀共遵其處遂乃遠之都下屈諸大德慇懃致（缺一字）延就山門是時我老苾蒭義淨及護律師瑳禪師思禪師恂禪師暉律師恪律師威律師等既至寺所解舊結新僉議此邊（缺一字）為小界標相永定異無疑惑于

時護鵝珍之（缺一字）士無召自來（缺一字）草結之英賢不期而會數逾一百行道三旬共繫頸珠俱修（缺一字）足誠五濁之希有慕四依之住持虚往實歸紹隆無替庶乎（缺一字）田屢改長存立石之基砂界時遷無爽布金之地恐田成碧海嶺變青川迷此結辰乃為銘曰

羯磨法在聖教不淪式傳金口是敬是遵目覩西域杖錫東（缺一字）覩盛事而隨喜聊刊紀乎斯文

開元三年正月十五日立南館學生張

傑書

金薤琳琅卷第十二

# 金薤琳琅卷第十三

太僕少卿吳郡都　穆

## 𨚗州昭仁寺碑

守諫議大夫騎都尉臣朱子奢奉勑撰

大哉乾元寒暑違而成歲赫矣上聖禪代乖而為道斯則淳源既往弧矢開戩翦之利天下為公揖讓盛皇王之業是知聖無自我不背時以成務仁惟濟物乃當流而義行豈好異哉蓋因世而已矣若乃執契提象繼天理

物張八極叶五緯坐玄扈遊翠[redacted]受貽華而
錫天佩觀滎河而巡温洛補石於媧皇之世
奠山於文命之初殊質文於車服改正朔於
寅丑順天地而財成奄寓縣而元宅斯固神
宗與汜水一致文祖將晦野同師者也隨政
悖道區夏殲潰星亡日鬬天摧地亥馭朽無
秋駕之術履薄罕春冰之懼竭人力於醉飽
輕神器於弈棊玉杯非藜藿之用金柱乃驕
淫之靡旌蹕遍天下馳道窮華裔暴師韓濊
宿兵遼碣貪石田之地忘金鏡之寶盜驟之

乘鶩燕山而不息黿鼉之梁泛蒼波其無已
五岳維壓三川咸震大盜負其扃鐍長鯨衝
其漏網禾冑不能匡其禍衣冠無以靖其亂
伊尹去而夏亡辛甲奔而殷滅人怨神怒衆
叛親離觸瑟無漢臣之忠夢驂成秦宮之酷
於是九畿幅裂竊名假號四方圜視蜂飛蝟
結赤眉起劉樊之衆白梃奮陳吴之兵徇趙
北而圖王反淮南而稱帝鉤爪鋸牙遞相吞
滅茫茫禹迹瀟壑無歸蒼蒼彼天何其罔極
若乃崇替相襲天地恒其道靈貺所歸三五

更其運是以秦人弛御豐沛膺赤帝之符夏道云衰景亳得白狼之瑞殷憂啓聖必將有主撲原靜海上玄有屬我皇帝受之皇帝延出震之靈稟樞電之精開日月之明審正氣之貞潛德而隱凝玄姑射之側感而遂通應迹廟堂之上乘龍之夢夙符扵神道斷鼇之心早發扵靈鑒蘊風雲扵藏用納宇宙扵胸懷濡足援手救焚是急扵是御太乙挹勾陳驅天駟迴地軸乾行岳止雷驚麟震得兵鈐扵玄教呑戎韜扵黃石龍飛晉水鳳翥河干

命蒼[redacted]以泛流麾烏旗以長邁以仁爲本扶
義而西傳檄百城轉闘千里戰無交兵之虜
攻無湯池之固望鳳墟而一息登灞上而迴
首觀釁而動俟天休命壺漿溢陌厥篚盈塗
鬼神叶賛華夷載佇緤秦嬰於枳道拜殷士
於商[redacted]旌臺之珠爭散於邦國諸侯之玉不
留於服御眷言芘庶企景來蘇辭舉往因天
隙偷安隴坻藉九州之險成五幡之暴推鋒
東嚮結壘西夏同惡如市轉相煽合帶州連
郡豺虺爲群無竇融之先覺有隗囂之迷謬

遊魂放命豕突函梁雖大風之作梗青丘有
苗之稱亂丹浦均强比逆異代同年豈不以
道喪鶉居讓王義隱時惟龍戰爭帝理開者
乎是以軒轅五十一伐殷后二十七征[redacted]暴
壽華之澤戮凶絶轡之野非文德之可綏乃
雄略之攸震天子躬御武節親總元戎灑沉
災而括地象正斗極而清天步倚長劒以肅
威佇中區以傍矚運技水轉規之智蓄禮樂
慈愛之兵韜百戰百勝之謀總天關天梁之
術驅駕韓白鞭擊雷霆命抬搖以啓行詔參

伐以前掃殉義之士聽鼓鼙而竊誓蹈恩之衆望旌笳而張膽呼吸則河海沸盪指麾則崑岱擒拔聖上順天道好生之德體周王掩骼之仁將欲克亂在權善師非戰兵交使在弘其自革而茅旌不建輿櫬莫從告捨既違行迷遂往吠尭之犬終成桀用剌由之客俱為跖徒鳥喙獸窮來犯鋒刃比角為城池之固召雨盜屈强之力非折箠之可笞豈亭長之攸制于時攝提在歲黄鍾紀月義勇同奮賁育爭先下神兵於九天決叡圖於萬里逆

順斯懸轟轟然大潰僵尸蔽莽委甲成山擁秦
涇而不流投過潤而自滿焚巢掃窟野無遺
正傾旻於西北紐缺地於東南卷氛祲於
辰象反光華於日月九伐已施載櫜於武庫
五兵罷用偃伯於靈臺分犒旆於應畢擋山
河於將率帝圖咸舉邦政斯澄革汚俗於維
新正王風於舊物鼓之以道德懷之以仁義
春雨以潤之秋陽以暴之解罔深湯帝之慈
焚書下漢王之詔布以新政刑用輕典四海
之内靡然向風八荒之表奔走無數叩塞蹏

林之北開郡銅柱之南苑蔥山而池瀘澤踰
盤木而跨熱阪郡生環海自入提封方朔炎
洲同歸王會豈止菌鶴短獨西鶼東鰈之貢
而已哉若夫至人忘己義期拯物黄屋非汾
水之榮玄珪豈具茨之貴聖道運而不積神
功為而莫宰雖復大横固祉長發啓祥猶且
置璽陳謙避河為讓道外天下情遺尊極而
巖廊餘事人神之望難拒符命儻來曆數之
期安避仰追上玄之心俯順域中之請然後
履乗石握神珠開黄玉之圖臨紫辰之位冠

百王而稱首與三代而同風巍巍乎蕩蕩乎
粤不可名也於是衢室闢扉賓門啓路延攬
英彦鑒昧幽仄用人不偏於世族得賢無棄
於農瑣故非熊非彲致光景之佐爲舟爲檝
獲營求之士等五臣之亮采同六相之訏謨
崇臺非一木之枝珍裘乃千金之麗濟濟多
士皇家以寧重以制禮作樂移風也勝殘去
殺刑措也藏金舜嶺蕤賓堯宮雉裘非先王
之服寶馬豈鑾旗之用運玄覽以照物推赤
心以期下萬方罪己軫推溝之慮百姓爲心

順天從之欲若乃上嗣重光之美元良萬國
棣華璿蕚之宗本支百世咸紉陶慈訓言提
自昔奉審喻於宸極得樂善於軒殿非藉[illegible]
傅之勤寧因師友之力踰啓誦而高視越郎
韓而上征既而休氣和年祥風薦祉威鳳為
寶麟趾遊郊若煙非煙浮曉空而下映似月
非月麗霄天而成象禎不絕書靈無遁迹猗
與偉與事高圖史至於登輿下輦省方巡岳
應感必彰形言弥著道感金奏每盈玉簡叶
叡思於泉涌諧神功於日用陋栢梁之詞掩

南風之曲聖作物覩永貽千載者焉抑又聞之羲農遐邈軒頊悠緬絶傳信於故老非取接於聞見百世可知斯言殆息七代更立求之豈易今之視昔遥然未覩将何以分素青於三后辨天地於九皇遂能歷選列辟詳觀群帝得茂實於千古驗英聲於万葉斯道何哉将由孔丘登岱紀金繩者七十管仲對齊陳玉檢者十二亦有漢廓帝圖魏開王業樹豐碑於泗水譔貞石於繁昌莫不垂鴻名騰顯號播休風於六儛歌盛德於九韶與天壤

而無窮懸貞明而可久刋勒之美不其懋與
然則事止寰中道　外未辨西方之聖莫
知東被之法求真之理我則未聞雖御辯崆
峒非超涅槃之岸乘雲谷口寧遊波若之門
莫不同陟耶山俱沉業浪生死無際苦集相
因詎照重昬之日誰翦稠林之樹比夫真如
實相解脫妙津道王三千功弥百億何異吹
劒首於雷門策蚊睫於鵬運者哉是知伊蘭
無實有為終假漂溺四流邅迴九結踐畏塗
而卒歲趨捷徑其長往大夢無曉可為歎息

粤若能仁深弘慈獎雖寂泊爲道無来無去
乗機誘發垣壐必追住一子地開方便門翔
八正道示如来藏飄香風於有頂洒甘露於
無邊慧炬明而幽夜朗法橋搆而馮河息但
爲仁由己履道自衷表立影從因果非外今
我所以仰勝縁於十號紀武功於七德真俗
二諦兼而兩之皇上昔居因地早弘揞力應
迹忍土負荷群生屬憂火燎原稽天方割飈
林無自静之木震海豈澄源之水東戡西翦
南征北怨旄鉞所次酣戰兹邦君輕散千金

之賞士重酬九死之命莫不競淩鋒鏑爭赴
水火雖制勝之道允歸上略而兵凶戰危時
或殞喪褰裳不顧結纓荒野忠爲令德没有
餘雄同艱難於昔晨異歡泰於兹日有懷亮
烈用切旒扆仍於戰地爰搆神居變穢土於
寶城開蓮花於火宅高烽罷晧慈燈載朗鳶
旌輟警勝幡斯立拔無明於棘林導焦熱於
渴井盡諸有結永除苦際雖復去順效逆同
歸各徒中涓頽從寔惟義重而上忍所被旃
檀與利刀兼忘大慈所覃怨賊將義夫齊指

俱潤法雨同乘大輮迴向菩提無上平等爾
乃仰圖景[redacted]東井躔其分野下料物土西河
限其封域琱戈是錫尸臣啓邦之所𨐨館斯
開公劉建都之地梁山南枕甘泉東指面雕
雲之欝蓊想玉樹之青蔥沃野千里平原起
忽先王之桑梓西州之都會於是詔司空相
原隰四衢如砥八道傍通考極星之曜測土
圭之景選杞梓於南郢徵琬琰於西崑匠石
奮斤公輸審墨高門洞啓層甍有亢藻井瞰
烟霞之路步櫊拖虹蜺之色徘徊珠柱陸離

璇題春牖前臨秋窓左闢月殿含影金波上
而相照日宮吐曜羲和沉而猶朗何止四杜
成臺高多羅之樹五王立寺臨伽尸之水信
足上圖駕御傍擬醍醐望鷲山而非遠想雞
林而可即法徒萃止應供来遊咸珠戒無缺
威儀莫犯杖錫四禪之林攝齋三朗之路有
寶所焉有名僧焉至矣哉伽藍之爲盛也雖
復高天已燼大海成田我皇基與淨刹終永
永而常傳其詞曰
三界雲擾六趣波揚苦流方割憂火炎崗俱

迷津濟莫導舟航長夜無曉非徒未央於昭
十號四生是愍道王大千智周上忍慧刀已
裂化城斯引教有殊塗乘無異軫甘露朝洒
慈雲夕布品物以亨群迷式悟捷逕坦道耶
山啓路不有善權誰澄惡趣炎行弛德廢道
毀常玉弩驚發金宿騰芒俯震瀛壑仰紊乾
綱九野鯨奮八極鴟張亂離瘼矣孰濟生靈
黄星表曜赤伏開禎大君應歷粤御神兵乃
聖乃武如雷如霆於鑠王旅除凶靖暴闢右
長驅唐郊大號壞裂逋醜家讎浞戛剮野屠

祆空山剿盜見危殞轡懷忠死紩驚燐宵遯
窮魂夜飛我有慈被深仁莫違建斯淨域永
樹皈依皈依伊何俱消五縛淨域伊何同升
妙覺架漢開宇憑霞鼓閣朱麗瓊丹地嚴金
艧鷲山非遠雞林可求七寶低樹八解疏流
瑞蓮開曉天花不秋戒定攸息應供來遊凡
厥慈衆俱弘上善稠林以闢愛枝爰翦九結
氷泮四禪自緬彼岸可歸法輪恒轉金剛不
壞瘖保惟長慧室長湛皇基載昌僧祇可筭
恒沙易量悠哉天歷永配無疆

右昭仁寺碑唐守諫議大夫騎都尉朱子奢譔歐陽公愛其字畫甚工惜無書人氏名金石録嘗載其目亦不言為何人書也惟通志金石略以為虞永興書永興書之傳世者有孔子廟堂碑然與此不類而金石略乃謂出於虞公當必有所據昭仁寺在邠州西八十里昔唐太宗與薛舉戰爭之處正德癸酉予以使事道邠得搨其本字畫完好若初刻者真可寶也朱公予鄉先生唐史有傳

其文字人間罕存可見者僅有此耳

金薤琳琅卷第十三

# 金薤琳琅卷第十四

太僕少卿吳郡都　穆

唐西平郡王李公碑

唐大達法師玄秘碑

唐柳公權小字清淨經

唐故太尉兼中書令西平郡王贈太師李公神道碑銘并序

特進守司空兼門下侍郎同中書門下平章事充集賢殿大學士上柱國晉國公臣裴度奉勑撰

朝散大夫守尚書庫部郎中翰林

侍書學士上柱國賜紫金魚袋臣

柳公權奉勑書幷篆額

惟天錫成命於我唐保茲國祚生此人傑則

西平王李公其是乎不然何實㬥如風振濟

葉戴君若鼇冠靈山橫流之中一匡而定公

諱晟字良器其先隴西人也後徙京兆曾祖

嵩皇岷州刺史贈澤州刺史祖思恭皇兆州

刺史贈幽州大都督考欽皇[redacted]左金吾衛大

将軍隴右節度經略副使贈太子太保代有

名跡雄于西土公幼好學學不為人及讀吕
張孫吳之書慨然有經邦濟物之志未弱冠
遊秦梁間元侯宿將見者咸器異之乾元初
嘗客武都值酋豪以歃守叛亂殺掠平人公
與所從十數馳而射之殪其為魁者餘黨遂
遯寇所虜獲積如丘山公一無所取惟椎牛
釃酒享士而去邦人感服具以狀聞特拜左
清道率飾以金紫將朝京師自獻方略屬裔
夷中擾有土急賢河隴將帥相繼表用歷二
府右職所至常以歃一謀為其委重累遷至

光祿太常卿階爵在第一品[redacted]涇原四鎮北庭節度都知兵馬使四面都遊奕使懸識虜態周知地形應變不窮有奪有待驥騄庭而莫展雲出岫而斯飛代宗徵之以左金吾衛將軍為神策軍兵馬使屬羌蠻犯蜀朝廷濟師命公督其旅絕棧道而往救焉公銜枚過險出賊不意連下堅壁遂誅首惡還授檢校太子賓客且復舊職建中二年田悅以魏叛德宗極意致討悉起徂征以公為神策先鋒都知兵馬使加御史中丞與河東河南等道

諸軍合擊公濟河而行能以衆整及破洹水
陣解臨洛圍轢䰠屬城抵照逼邑其摧鋒劒
銳皆先群師而寘力焉遥拜左散騎常侍兼
御史大夫厥功未成聞賊泚肆逆皇居失守
西向慟哭載馳載驅行及代北授檢校工部
尚書充神策行營節度公提孤軍募散卒拊
循訓勵以達行在值懷光中叛大駕再遷加
檢校右僕射餘如故尋轉左僕射同平章事
兼京兆尹神策軍京畿鄜坊節度觀察等使
管内及商華等州副元帥公固守渭城决平

察壘調食制用先發我師指甘攻苦皆自我始每一言一誓聲淚俱發勇夫義士感而使之莜不濟矣時自雍而東延于汝洛震于河汴所在征鎮亂略相從公介巨□之閒使聲援斷絕立成師缺一字法缺一字號令爾嚴蒐補十旬指揮一舉乘墉登如通道若梟鏡以清□缺□宮而九市三條無輟肆之驚無秋毫之犯羽書速告鑾輅爰歸廓氛祲爲祥歲攙憂情爲喜氣詩曰允矣君子展也大成斯之謂歟考古視今論功稱忠者多矣君至危而安

至難而易卓犖跨邁如公莫儔拜司徒兼中
書令俄以凶孽甫寧邊師猶警岐下任重乃
以本官兼鳳翔尹鳳翔隴右節度觀察等使
及四鎮北庭涇原等州副元帥改封西平郡
王加食實封至一千五百戶公名懾戎主政
和藩師始至而生執少安而訓齊逮四載賦
輿十倍其初會課入輔拜太尉中樞如故人
或謂公勳望已高寵渥已極宜從容頤養稍
稍遜避公曰不然人臣外則盡力內則盡心
若止偷榮孰爲且哲故每承帷幄之問則言

咈無隱理奪不回大指以東夏可平西陲可
復或已行而事終不顯或未用而身遽不遺
以貞元九年八月四日薨于位春秋六十七
德宗撫几哭於别次自都邑達門畿無士庶
無老幼皆發哀相弔則曩時戢兵安人之德
可謂深於元元之骨髓矣册贈太師法賻加
等以其年十二月十六日葬于高陵縣奉正
原鄭國夫人杜氏祔焉自捐寢至安宅皆所
司辦護中貴反覆萬情所奉如不及焉嗚呼
以公之静難扶傾不言所利雖存殁極位始

終，殊禮而天意若曰其福享未至，故迤延于後，有子曰愿，故檢校司空河中節度等使、贈司徒五刈雄，鎮三爲上公曰聰，故光禄寺主簿曰總，故太子中允、贈兵部郎中曰懸，左神武軍大將軍兼御史大夫曰憑，故右威衛大將軍兼御史中丞、贈洪州都督曰恕，故光禄卿、贈右散騎常侍曰憲，檢校左散騎常侍、嶺南節度觀察等使兼御史大夫進，因貴胄達以善政曰愬，故檢校左僕射同平章事、贈太尉，克廣前修，仍執醜虜曰懿，故渭南縣尉曰

聽檢校司徒義成軍節度觀察等使統戎按
俗是以似之曰甚右羽林軍將軍曰慼嵐州
刺史並地勢吏用燕而有焉粤大和元年秋
七月聽拜疏上言以公之徽烈則御製披文
於渭川矣公之風度則詔命圖形於雲臺矣
惟大其丘隴鬱彼松檟望有祁山之象拜無
峴首之碑將刊貞石式表幽隧乃命臣度稱
伐言特其詞曰
建中季年大盜忽焉皇輿避狄狩于梁州顧
謂太師汝才汝略將威致討必殄寇虐太師

泣奉捐軀誓衆度其成城可以利用赫矣鏞
敦傳千墻垣手摶延蹄如衝如揬一鼓而破
一麾而奔掃清宮闈剔盪妖昏我師莅止我
令行矣都人不知已事方喜飛章告慶飾駕
言旋鴻烈曜古讙聲動天車服之錫河山之
誓九命而俯一心若厲俾侯于岐阜安邊陲
藩政既成袞職攸宜嶽降帝賚矢言詭辭我
后嘉猷我躬何爲道直氣和勞讓終吉福履
所綏末享萬一上天不惠厚窆遄歸垂裕流
光用延恩陣翼子祀家將壇台席繼立奇功

代傳休績聽與伯仲永懷高蹤請于朝廷表
是丘封帝曰孝哉胡可不從宣我祖之丕業
繄爾父之嘉庸乃詔作銘以覿德齡
太和三年歲次己酉四月庚戌朔六日
乙卯建
右唐西平郡王李晟碑裴晉公撰柳公
權正書晟在唐功蓋天下可謂偉矣唐
書列傳叙其官時與碑不合碑謂晟由
左清道率歷三府右職累遷至光禄太
常卿傳則云授特進試太常卿碑謂晟

爲涇原四鎮北庭節度都知兵馬使代
宗徵之以左金吾衛將軍爲神策軍兵
馬使傳則云以右金吾衛大將軍爲涇
原四鎮北庭兵馬使碑謂晟平蜀還授
檢校太子賓客而傳不書碑謂建中二
年以晟為神策先鋒都知兵馬使加御
史中丞遥拜左散騎常侍兼御史大夫
傳則云晟為神策先鋒加檢校左散騎
常侍兼魏府左司馬尋授御史大夫碑
謂皇居失守授晟檢校工部尚書充神

策行營節度使傳則云詔拜神策行營節度使碑謂大駕冊遷加檢校右僕射尋轉左僕射同平章事兼京兆尹神策軍京畿鄜坊節度觀察等使管內及商華等州副元帥復詔晟兼河中晉絳慈隰節度使又兼京畿渭北鄜坊丹延節度招討使又進京畿渭北鄜坊商華兵馬副元帥傳則云進晟尚書左僕射同中書門下平章事復詔晟兼河中晉絳慈隰節度使又兼京畿渭北鄜坊丹延

節度招討使又進京畿渭北鄜坊商華
兵馬副元帥碑謂鑾輅爰歸拜司徒兼
中書令俄以本官兼鳳翔尹鳳翔隴右
節度觀察等使及四鎮北庭涇原等州
副元帥改封西平郡王傳則云拜晟司
徒兼中書令尋拜鳳翔隴右涇原節度
使兼行營副元帥徙王西平郡晟之碑
作於當時而史成於後代要當以碑爲
是

唐故左街僧録内供奉三教談論引

篤大德安國寺上座賜紫大達法師
玄秘塔碑銘并序
山南西道都團練觀察處置等使
朝散大夫兼御史中丞上柱國賜
紫金魚袋裴休撰
朝議大夫守右散騎常侍充集賢
殿學士兼判院事上柱國賜紫金
魚袋柳公權書并篆額
玄秘塔者大法師端甫字缺一骨之所歸也於
戲爲丈夫者在家則張仁義禮樂輔天子以

扶世導俗出家則運慈悲定慧佐如來以闡
教利生捨此無以為丈夫也背此無以為達
道也和尚其出家之雄乎天水趙氏世為秦
人初母張夫人夢梵僧謂曰當生貴子即出
囊中舍利使吞之（闕一）誕所夢僧白晝入其
室摩其項曰必當大弘法教言訖而滅既成
人高額深目大頤方口長六尺五寸其音如
鍾夫將欲荷如來之菩提（闕一）生靈之耳目
固必有殊祥奇表歟始十歲依崇福寺道悟
禪師為沙彌十七正度為比丘隸安國寺具

威儀於西明寺照律師稟持犯於崇福寺昇律師傳惟識大義於安國寺素法師通涅槃大旨於福林寺崟法師復夢梵僧以舍利滿琉璃器使吞之且曰三藏大教盡貯汝腹矣字缺二經律論無敵於天下囊括川注逢源會委滔滔然莫能濟其畔岸矣夫將欲伐株杌於情田雨甘露於法種者固必有勇智宏辯歟無何字缺一文殊於清涼眾聖皆現演大經於太原傾都畢會德宗皇帝聞其名徵之一見大悅常出入禁中與儒道議論賜紫方袍

歲時錫施異於化等復詔侍皇太子於東朝
順宗皇帝深仰其風親之若昆弟相與卧起
恩禮特隆憲宗皇帝數幸其寺待之若賓友
常承顧問注納偏厚而和尚符彩超邁詞理
響捷迎合上旨皆契真乘雖造次應對未嘗
不以闡揚為務繇是天子益知佛為大聖人
其教有大不思議事當是時朝廷方削平區
夏縛吳斡蜀瀦蔡蕩鄆而天子端拱無事詔
和（缺二字）緇屬迎真骨於靈山開法場於秘殿
為人請福親奉[redacted]既而刑不殘兵不黷赤子

無愁聲荅滄海無驚浪蓋參用眞宗以毗（缺二字）
政用之明效也夫將欲顯大不思議之道輔
大有爲之君固必有冥符玄契歘掌内殿法
儀録左街僧事以標表淨衆者凡一十年講
涅槃（缺一字）一識經論處當仁傳授宗主以開誘
道俗者凡一百六十座運三密於瑜伽契無
生於悉地日持諸部十餘萬遍指淨土爲息
肩之地嚴金（缺二字）報法之恩前後供施數十
百萬悉以崇飾殿宇窮極雕繪而方丈匡床
靜慮自得貴臣盛族皆所依慕豪俠工賈莫

不瞻嚮薦金寶以致誠缺一字端嚴而禮足日
有千數不可殫書而和尚即衆生以觀佛離
四相以修善心下如地坦無丘陵王公輿臺
皆以誠接議者以為成就常缺一字輕行者惟
和尚而已大將欲駕橫海之大航拯迷途於
彼岸者固必有奇功妙道歟以開成元年六
月一日西向右脅而滅當暑而尊容若生竟
夕而異香猶鬱其年七月六日遷於長樂之
南原遺命荼毗得舍利三百餘粒方熾而神
光月皎既燼而靈骨珠圓賜謚曰大達塔曰

玄秘俗壽六十七僧臘四十八門弟子比丘比
丘尼約千餘輩或講論玄言或紀綱大寺脩
禪秉律分作人師五十其徒皆為達者於戲
和尚其出家之雄乎不然何至德殊祥如此
其盛也承襲弟子義均自政正言等克荷先
業[illegible]守遺風大懼徽猷有時堙沒而今閤門
使劉公法行最深道契彌固亦以為請願播
清塵休嘗游其藩備其事隨喜讃歎蓋無愧
辭銘曰
賢劫千佛第四能仁哀我生靈出經破塵教

綃高張孰辯孰分有大法師如從親聞經律
論藏戒定慧學深淺同源先後相覺異宗偏
義孰正孰駁有大法師為作霜雹趣真則滯
涉俗則流象狂猿輕鈎檻莫收杝制刀斷尚
生瘡疣有大法師絶念而遊巨唐啓運大雄
垂教千載冥符三乘迭耀寵重恩顧顯闡讃
導有大法師逢時感召空門正闢法宇方開
崢嶸棟梁一旦而摧水月鏡像無心去來徒
令後學瞻仰徘徊

會昌元年十二月廿八日建

右唐大達法師玄秘碑裴度撰柳公權正書歐陽公嘗謂物之所遭有幸不幸詩書遭秦不免煨燼而浮屠老氏以託於字畫之善遂見珍蓄若此碑是已嗚呼緇流之與文字以傳後世如予之所録蓋不止於一玄秘也

唐柳公權小字清淨經

右唐柳公權小字清淨經予得舊搨本於四明豐解元坊豐得之鄉人徐蘭蘭好作隸字不師漢人而師宋盧陵朱協

極蘇學嘗有恊極所書敬齋箴石刻字
畫無法俗惡可厭後之人乃有好之如
徐氏者亦其所遭然也因識此淂及之

金薤琳琅卷第十四

# 金薤琳琅卷第十五

太僕少卿吳郡都穆

唐天台山桐柏觀頌

唐唐興寺碑

唐實際寺隆闡大法師碑

唐天台山桐柏觀頌

守太中大夫尚書祠部郎中上柱

國清河崔尚造

缺四字書翰林院學士慶王府屬韓

擇木書

天台也桐栢也代謂之天台眞謂之桐栢此兩者同體而異名同契乎玄道無不在夫如缺四字則無是是缺一字栢邪非桐栢邪因斯而談無非缺一字矣而稽古者言之桐栢山高萬八千丈周旋八百里其山八重四面如一中有洞天缺三字即右弼王王子晉之所處也是之謂不死之缺一字鄉養眞之靈境故立觀有初強名桐栢焉耳古觀荒廢則已久矣故老相傳云昔葛僊公始居此地而後有道之士往往因之壇址五六厥迹猶在洎乎我唐有

司馬練師居焉景雲中天子布命于下新作桐栢觀盖以光昭我玄元之丕烈保綏我國家之永祚者也夫其高居八重之一俯臨千仞之餘背陰嚮陽審曲面勢東西數百缺一字南北亦如之連山峩峩四野皆碧茂樹鬱鬱四時恒青大巖之前橫嶺之上雙峯如闕中天豁開長澗南寫諸泉合漱一道瀑布百丈懸流望之雪飛聽之風起石梁翠屏可倚也琪樹珠條可㩁也僊花靈草春秋互發幽鳥清猨晨暮合響信足賞也始豐南走雲嶂間

起剡川北通煙岑相接東則亞入滄海不遠蓬萊西則浩然長山無（缺二字）境總括奥祕鬱為秀絶苞元氣以混成鎮厚地而安静非夫神與仙宅僊得神營其孰能致斯哉故初搆天尊之堂晝日有雲五色浮靄其（缺一字）三井（缺一字）一龍之所時有異雲氣入堂後出者三書之者記祥也然後為虚室以鑿戶起層臺而絫土經之殖殖成之翼翼綴日月以為光籠雲霞以為色花散金地香通玄極真侶好道是遊斯息微此練師孰能興之練師名承禎一名子微號曰

天台白雲河内温人晉宣帝弟太常馗之後
祖晟仕隋為親侍大都督父仁宬唐輿為朝
散大夫襄州長史名賢之家奕代清德慶靈
之地生此仙才以為服冕乗軒者寵悪吾身
也擊鍾陳鼎者味爽人口也遂乃捐公侯之
業學神仙之事科（缺一字）教戒博綜無所遺竅
冥契希微妙詎可識無思無為不飲不食仰
之彌峻巍乎其若山挹之彌深湛乎其若海
（缺二字）通才練識贍學多聞翰（缺一字）之工文章
之美皆忘其所能也練師藴廣成之德膺宗

繼黄軒之明齋心虛求將倚國政侃侃然不
可得而動也我皇孝思維則以道理國叶帝
堯之用心寵許由之高志故得放曠而處逍
遥而遊聞練師之名者足以激厲風俗睹練
師之容者足以脱落氛埃以慈爲寶以善救
物神以知來智以藏往允所謂名豈仙格迹
在人寰粵不可測缺二字道生乎無名行乎有
精分而作三才播而作萬物故爲天下母脩
之者昌背之者亡故爲天下貴況絶學無憂
長生久視也哉道之行也必有階也行道之

階非山莫可故有為焉有象焉瞻於斯仰於斯若舍是居教將奚依損之又損之以至於無為玄門既崇不名厥功朝請大夫使持節台州諸軍事守台州刺史上柱國賈公名長源有道化人有德養物嘗謂別駕蔡欽宗等曰且道以含德德以致美美而不頌後代何觀乃相與立石紀頌以奮至道之光其詞

邈彼天台嵳峩崔嵬下臨滄海遥望蓬萊漫若天合呀如地開煙雲路邇真仙時來顧我練師于彼瓊臺練師練師道入玄微嗋曰安

坐凌霄欲飛興廢靈觀練師攸贊道無不缺
字輪奐窈窈茫茫通天降祥保我皇唐如山
是常

天寶元年太歲壬午三月二日丁未弟
子毗陵道士萬惠超等立

右唐天台山桐栢觀碑尚書祠部郎中
崔尚撰翰林學士韓擇木八分書明皇
正書題額碑稱司馬練師居此而曰練
師名承禎一名子微唐書隱逸傳謂司
馬承禎字子微則子微非練師之名碑

誤書耳予昔遊王屋山至陽臺宫宫乃
子微修仙之所中有碑上刻睿宗與子
微書及送還天台詩一首傳但云睿宗
嘗召子微問其術賜寶琴霞帔還之不
云有書與詩此則傳之疎脱也

唐朝議大夫行聞喜縣令上柱國𤣥
淄縣開國男于君請移置唐興寺碑
并序

殿中侍御史判職方員外郎高陽
許景先撰

觀道寺主僧師欽書

先萬物者始道德為宗窮言象者以乾坤為大豈若道洽沙界盤古無以化其跡功包鐵圜（缺一字）首不能紀其要前後際斷衆妙入於真乘色相皆空定慧生於正覺言之不極其波若之藴乎聞喜唐興寺者我國家草昧之所置也時察弓矢締搆龍宮懸[redacted]鏡於方丈運寶圖於羅衛將法八難式護四禪乃於西山建斯精舍布金幽徑樹福[redacted]衛經始險蹊人跡罕到雖三空屢說給園之衆不俱（缺一字）鮮常流

方廣之途尚阻吡俗常迷於以聚落不聞
（缺四字）使十地空有四生無援爰初搆趾數十
百年舊令因循不改其制長者居士旣渴日
於寶坊清信比丘徒挈餅於締議時縣令朝
議大夫東海于公名光庭即銀青光祿大夫
瀛州刺史東海郡公士俊之孫金紫光祿大
夫中書侍郎同中書門下三品東海憲公之
第五子也承五鼎之葉冑稟三辰之粹精陰
德未沫亢宗有後在躬而禮義克舉餘力而
文章見稱好學多能以為入官之具清慎寡

欲爾見在公之心由也四科參為一貫里心
合於投刃事無遺於下耩故能變蟋蟀之風
展蒲盧之化始鄉退而脩里我有昌言終里
退而脩家人無遺善此其操乃有裕彈琴自
閑亦既庇於王程將又崇於佛事為蒲之所
不及理鄴之所未行加以識洞真扃智融覺
鍵伏忍於三昧懸解於六通身若明珠淋無
瑕也心猶平地能生衆善且循諷御時見宰
官精三異之妙術敷六度之津要由是歷請
天府將徙梵宮雙樹移堅固之林八座毀耆

闍之岫金山赫赫與紫殿而飛來紺宇眈眈化青樓而涌出城池故絳井邑新田士女盈於康莊象馬闐於里閈一一香盖懸寶縷之幢種種天花散金燈之地得未曾有聞所未聞方將洗貪欲之膓胃開盲聾之耳目納須彌於小芥詎是難思置海水於虛空未為希有僉以法雲西蓄佛日有蔀家之昧令智炬東摧迷途昭牽復之象豈非如來滅後將有住持時戛縣威神寺法師俗姓張法名忽缺一字其先衣冠出南陽精持律儀薰修戒行德超

七

於四果理貫於三伊大道未行同孔丘之歷
聘衆生有病等竪王之授手遂秉杯湅（缺一字）振
錫兆亭扶聾俗於愛河誘焚如於火宅示方
便品導波若流亡羊於九部之津去馬於三
乘之際莫不爭持寶盖兢觧（缺三字）搙池之棟
宇為苦海之舟航起予者商緊我明宰時縣
丞清河張佑仁主簿弘農楊浩尉太原王臨
尉太原王銑等並瑚璉名器鸞皇勁翮才無
滯用政有異聲鄉三老進而言曰今敦禮勸
農嘉惠也樹法拯人深慈也我宰君善化前

古罕儔豈使浚儀豐碑空銘景行龍宫後倡
獨闕徽言載勒堅金永傳沙界銘曰
佛言能淨一刹土是謂世間良福田今我莊
嚴招提宇度脫功德海無邊猶如法雲覆群
品亦如佛日在中天皆是宰官惠明德群甿
安樂離苦緣樹碑紀功永不朽銖衣拂石億
萬年
開元六年歲次戊午九月壬辰朔二日
癸巳建
右唐唐興寺碑殿中侍御史許景先撰

寺在山西聞喜縣縣令于光庭為移置之景先之文由是而作光庭之在聞喜不聞其有善政而乃汲汲為僧移寺非賢令也

唐實際寺故寺主懷惲奉敇贈隆闡大法師碑銘并序

昔吾師因地求真衆魔紛嬈果到成佛龍天捧圍自作鎮靈山法躬靡易告滅雙樹示跡倫凡微言不傳慧燭潛照畚夫歲邁千秋時淹五濁欲海騰沸邪山紛紏於是釋防東逝

爰稱兆應漢夢西通方崇像法或青眸接軫
競扇玄風或白足相趍（趨）關静佛日至欲繼前賢
之令軌為後進之康衢照燭重昏慈舟苦泒
人能弘道斯之謂歟法師諱懷惲俗張姓南
陽人也遠祖因宦播遷京兆廿一代祖安晋
丞相襄爵鴻臚公高祖融宇黄門郎遷太子
庶子祖英唐觧褐太常太祝襲爵天平公尋
轉呉王祭酒握蘭奏位清陪雅列法師聰敏
為其性相慈善資其風骨毋常山夫人樂姓
降胎之月不味羶腥載誕之辰情欣禁戒暨

年登卝歲特異諸童或焚葉為香或聚沙為塔雖飛軒繡轂未嘗留步月宇香樓怡然忘返高宗天皇大帝秉乾撫運出震披圖虛已求賢明敭待士總章元載夢覩法師倏降綸言遠令虔辟於是臨丹檻邇青蒲賡獻真誠特蒙褒讚帝乃親授朱紱令處鳳池之榮師乃固請緇衣頻託鷲林之地奉勑於西明剃落善來忽唱惡業疑銷既挂三衣俄陪四衆翹勤遽積思五分而非遥精苦逾深想三祇而未遠時有親證三昧大德善導闍梨慈樹

森踈悲花照灼情祛缺一字漏擁藤井於蓮臺
嚴化無涯駈鐵圍於寶國既聞盛烈雅締師
資祈解說規發菩提頓一承妙旨十有餘齡
秘倡真乘親蒙付囑自惟薄祐師資早喪想
遺烈而崩心顧餘恩而雨面思宅兆式建墳
塋遂於鳳城南神和原崇靈塔也其地前終
峯之南鎮後帝城之北里歌鍾沸出移上界
於陰門泉流激灑比連河於陽面仍於塔側
廣構伽藍莫不堂殿崢嶸遶模忉利樓臺岌
業直寫祇園神木靈草凌歲寒而獨秀葉晴

花明逾嚴霜而靡萃豈直風高氣爽聲聞進
道之場故亦臨水面山菩薩全真之地又於
寺院造大窣堵波塔周廻二百步直上一十
三級或瞻星揆務或候日裁規得天帝之芳蹤
有龍王之秘跡重重佛事窮鷲嶺之分身種
種莊嚴盡崑丘之異寶但以至誠多感能事
冥資故能遠降宸衷令賫舍利計千餘粒加
以七珍函笥隨此勝緣百寶幡花令興供養
則天大聖皇后承九玄之眷命躡三聖之休
期猶尚志想金園情欣勝躅或頻臨淨刹傾

海國之名珍或屢訪炎凉捨河宮之秘寶法
師誠盈而散並入檀航法師業行高字缺一利
益繁多故得名振九重芳盈四部奉永昌元
年勅徵法師為寺主於是綱紀僧徒規模釋
族緇門濟濟戒德峻而彌堅紺宇詵詵常住
豐而更實猶是才稱物寶道為時尊知與不
知仰醍醐於句偈識與不識詢法乳於波瀾
法師以慈誘内懷敷揚外積異傳聖旨囷酬
來鎣每講觀經賢護彌陁等經各數十遍夫
我域者扇激風火嬰抱結漏系諸生止無常

之短期研乎事真攀不亟之虚朕若不乘佛願力託質淨方則恐淪溺長往清昇永隔於是言論之際懇勸時衆四儀之中一心專念阿彌陀佛願乘此勝因相生淨域又以般若神呪能令速證菩提彌陀佛名亦望横超惡趣諸餘妙典雖並積心臺於此勝緣頗偏遊智府嘗誦大般若呪向盈世方又誦彌陀真偈十萬餘遍理復使精真厥想念雖微而必就二三子行功唐捐而靡得豈直諸佛現前神人捧錫而已矣師為諸重擔攝爾群生舉

洪灼於耶山棹寶航於見海悲夫娑婆國中
人多弊惡雖復珍臺寶界因勝侶而歸心至
欲逸翥遐征籍良緣而克進敢憑此義爰發
誠心於是廣勸有緣奉為九重萬乘四生六
趣造浄土堂一所莫不虬棟凌虚虹梁架逈
丹楹艶日青璅延風無春而反井舒花不暝
而重簷積霧於是神螭戾趾遠鎮瓊階寶鳳
來儀還陪桂戸彫甍盡拱之異窮造化之規
模圓璫方鏡之奇極人天之巧妙又於堂内
造阿彌陁佛及觀音勢至又造織成像并餘

功德並相好奇特顏容湛粹山豪演妙若照三千海目摛華如觀百億或因緇命釆有慈氏之金身或散扎馳芳得憂填之逸思何獨如來自在疑降上界之魔故亦菩薩熈怡似救下方之苦夫以宅生者心心勞則生喪栖神者志志擾則神亡然菩薩以濟物捐軀上善以遺形徇節法師情存拯救式奉殷繁汲引雖曰忘懷形質焉能靡累於是忽嬰風瘵病與時侵靈藥弗痊肵器俄逝豈夫入林齊白我佛稱於寐滅梁木其壞吾師等於死生

以大足元年十月廿二日神遷春秋六十有
二臨終之際正念無虧顔色怡悦似有瞻矚
北首面西奄然而化悲夫烈烈歳陰蒼蒼天
色乹兮何負殲我惟良業也何孤喪兹賢哲
豈直悲盈四部嗟鹿苑之荒凉抑亦哀悼兩
宫痛蜂臺之闃寂猶俯迴天睠載紆仙豪遠
降恩波爰加制贈奉神龍元年勑實際寺主
懷惲示居三界遠離六塵等心境於虚空混
榮枯於物我棟梁紺宇領袖緇徒包杖錫之
規模躡乗杯之懿躅雖巳歸寂滅無待於襃

揚然寵洽友于無忘於縟禮可贈隆闡大法
師主者施行上人以至德聿修良因累著故
得天降成烈用讚芳規追遠慎終生榮死贈
足可光輝淨剎歷塵芥而長存旌貴玄門共
河山而永久弟子大溫國寺主思莊等並攀
號積慮哀慕居懷嗟覆護而無時仰音顏而
靡日猶恐居諸易遠淑善湮沉敬想清徽勒
茲玄琰詞曰
娑婆種覺賢劫能人三祇殄妄五分祈真即
相離相非身是身猶施慧栰廣濟迷津其十

方化備雙林滅度三界空虚四生哀慕正教既隱微言遽戢式啓先哲用資後悟其二芳猷廣被至烈彌殷青眸演聖白足呈真遠導蘭芥遐宣墨塵玄門不絕代有其人其三猗歟令德遠嗣前英聲高四部譽重三明慈周有識智契無生法雲葉落道樹滋榮其四豈圖宿殃師資遽亡乹兮何負殲我惟良徒嗟援几空念傳香非夫勝緣孰荅恩光其五邈矣坰野慈顔壙側敬發誠心爰憑淨域真容湛粹樓臺巋嶷希此善根遠酬明德其六

天寶二年歲次癸未十二月丙寅朔十
一日丙子建
右唐實際寺主懷惲碑無書撰人姓名
觀碑中有弟子思莊敬想清徽勤兹玄
琰之語則碑乃惲之徒所撰碑稱惲能
誦般若神呪際遇高宗武后兩朝可謂
緇流之出色者而其老也乃患惡疾以
死朝廷復贈之曰隆闡法師然則其法
果安在哉

金薤琳琅卷第十五

金薤琳琅卷第十六

太僕少卿吳郡都　穆

唐故太尉文貞宋公碑

唐故太尉文貞宋公碑側記

唐開府儀同三司行尚書右丞相上柱國贈太尉廣平文貞公宋公神道碑銘并序

金紫光禄大夫行撫州刺史上柱國魯郡開國公顔真卿撰并書

於戲逆鱗劘上匡救之義深守死不回臣人

之致極況乎文缺風雅道濟生靈建一陽而
天下倚平含九德而三光式序超無友而獨
立者其唯廣平公乎公諱璟字缺邢州南和
人其先出于殷王元子七代祖弁魏吏部尚
書襲列人子祖欽道北齊黄門侍郎並事跡
崇高各見本傳高祖元節定州田曹曾祖弘
峻大理丞祖務本皇櫟陽令父玄撫衛州司
戶贈戶部尚書自田曹至于尚書皆實浮於
名而位不充量事見許公蘇頲所撰神道碑
公七歲能屬文一遍誦服鳥賦丁尚書府君

憂水漿絶口者五日八九歲時嘗夢大鳥嘶
書吐公口中而咽之遂乘而直上倏忽驚寤
猶若下在胸間自後藻思日新襟靈益爽年
十六闕二字讀易曠時不精公暹而覽之自亥
及寅精義必究明年進士高第補上黨尉轉
王屋主簿相國蘇味道爲侍御史出使精擇
判官奏公爲介公作長松篇以自興梅花賦
以激時蘇深賞歎曰之真王佐才也轉合宮尉
長壽三年從調判入高等有司特聞天后親
問所欲公以代爲唐臣不求榮達詭奏云家

本山東願得魏之一吏遂手詔授録事參軍
拜舞趍出異而召還又手詔拜監察御史襄
行尋丁齊國太夫人憂服闋築室反耕志圖
不起俄而即真遷殿中侍御史同列有博于
臺中者将責名品而黜之博者惶恐自匿翌
日公獨正辭引過天台名而釋之遷天官員
外郎鳳閣舍人御史中丞乃謂所親曰吾比
欲優游鄉里不圖要近驟至於斯其敢廢所
職乎乃悉心納忠無所回避時張易之昌宗
兄弟席寵脇權天下側目公危冠入奏奮不

顧身天后失色蒼黄欲起公扣頭流血誓以死争拾遺李邕奏曰陛下坐則天下安起則天下危内史令出公曰天顔咫尺親奉德音不勞宰臣擅宣王命詞氣慷慨天后震悚遂俱攝詣臺廷立切責二豎股栗氣索不敢仰視自朝至于日旻勅使馳赦之公不得已而罷又令詣公謝罪公拒之後有修恤二豎來弔公辭曰責近不宜與執政通問假満朝士慰公二豎又欲序進公舉板迎揖之不得成禮而去神龍之興復也公實佐奇謀及當疇庸讓而不受曰清宫問罪事缺五皇祀夏中興功歸明主非曰逃賞誰敢貪天俄拜朝散大夫吏部侍郎

兼諫議大夫遷黄門侍郎嘗遇梁王武三思
於朝三思方欲言事公正色謂之曰當今復
子明辟王宜以侯就第何得上干朝政三思
慙懼而退請急累月俄而兼攝尚書左丞中
宗將幸西京深虞北鄙乃兼檢校并州大都
督府長史又改兼貝州刺史與數人同辭三
思獨揖公住公顧謂之曰諸人已出不可獨
留遂揖之而去屬年穀不登國租罷入三思
食邑公悉蠲之既屢挫其鋒亦處之自若俄
而真拜轉杭州又遷相州又爲洛州長史唐

隆初拜吏部尚書同中書門下三品粵五日兼右庶子尋加銀青光禄大夫玄宗之在儲闈鎮國太平長公主潛謀廢立嘗於光範門内坐歩檐中諷宰相以此旨諸相失色莫敢先言公慼色詰之曰春宫有大功主安得異議遂奏婦人干政恐生禍階請不令朝謁俄而男又縱横公奏之繇是貶楚州刺史主亦竟以凶終無何復拜銀青歴魏兖冀三州兼河北按察使尋遷幽州都督兼御史大夫復爲魏州入爲國子祭酒東都留守開元二年拜

御史大夫兼京兆尹貶睦州刺史轉廣州都督充按察經略討擊使又兼御史大夫特許便宜從事前是首領桀驁多據洞不賓公之下車無敢不畏彼之風俗缺字一趍茍簡茆茨竹櫓比屋鱗次火災歲起熛燼無餘公教之度材變以陶旊千甍齊翼萬堵皆興于今賴焉燕國公張説嘗爲碑頌無何使中官楊思勗召公公拜恩而就馬便行在路竟不交一言思勗以缺軍貴達泣辭訴帝帝嗟嘆久之拜刑部尚書四年遷吏部兼黄門監監脩國

史五年復兼侍中明年駕達東都至三峭馳
道隘稽車騎不得前河南尹李朝隱知頓使
中丞王怡並坐當降黜公奏曰若致罪二臣
將來必受其弊遂命公捨之曰陛下責之以
臣言免之是過歸於上恩由於下臣請使且
待罪然後俾其復職遂嘉而從之玄宗嘗命
公名諸皇子及公主邑號既而又令各定一
美名公奏稱七子均養鳲鳩之德錫以名號
不宜有殊若母寵子異恐非正家之道王化
所宜玄宗悅而從之八年拜開府儀同三司

進爵廣平郡開國公策勳上柱國狂豎權梁
山構逆長安有司深探其獄公按覆如京兆
司録李如璧等百餘家皆以借宅假器悉當
連坐公以婚姻假借天下大同至于京城其
例尤衆知情即是同反無罪不合論辜皃渠
之外一切原免天下欣服焉中書令河東公
張公傑出將明之材獨運廟堂之上鏡機朝
澈見事風生求公規模悉閣堂案每至危言
讜議執正守中未嘗不廢卷失聲汗流洽背
其爲通賢所服也如此十三年駕幸東都以

公爲西京留守公極言得失無有所隱玄宗感悅制曰所奏之言置諸座右出入觀省以誡終身因賜綵物二百疋明年又兼吏部十七年拜尚書右丞相雅善戲謔不常矜莊與故[缺二字]尚書王晙爲莫逆之友晚而彌篤凡所詼諧人輒疏取端五日蒙賜鍾乳命醫歸鍊或以爲上藥殊異不宜委之公曰推誠求信猶懼弗應猜以待人信其可得聞者慙退廿一年抗疏告老至于再三手詔優遂特給全祿賜絹五百匹還東京公以爲大臣歸休

不宜關通人事遂杜絕賓客其年駕幸洛陽
公迎拜道左玄宗親駐龍蹕使榮王婉勞問
者數四自後中使往來賞賚不絕方崇乞言
之典以極師臣之敬廿五年仲冬月十有九
日寢疾薨于東都明教里第享年七十五天
下失聲玄宗震悼追贈太尉謚曰文貞公賻
物米粟常數有加喪葬官供仍詔河南少尹
崔繹之充監護使夫人齊國夫人博陵崔氏
滄州長史藝之女淑慎嚴整高明柔克訓諸
子而慈且有威佐丞相而德無違者門內之

理一以見咨躡公而歿允終偕老嗚呼公有
七子復同州司功先公而卒昪尚書郎太僕
少卿尚漢東太守運職方郎中諫議大夫御
史中丞東京畿採訪使太子左諭德恕都官
郎中延太原少尹華判入高等登封尉尉氏
令衡右散騎常侍兼御史中丞河西節度行
軍司馬或肅或文或哲或乂克篤前烈以休
令聞以戊寅五月廿九日虔奉遺約歸葬公
于沙河縣太尉鄉丞相原之先塋夫人合而
祔焉禮也惟公間氣降神應期傑出生知禮

度天縱才明玉立殿天子之邦介然秉大臣之節震雷憑怒讜言而不有厥躬鼎鑊沸前臨事而義形乎色蠢迪檢柙難常情之所易志深直諒易古人之所難外其身而富貴不離行其道而死生弗替非夫合一之德格于皇天不二之心形于造次則何以并是乎允所謂振古之元龜皇王之威寶者矣且夫公之德烈充塞寰寓公之謀猷著明日月大曆五年冬十二月孫儼懼遺盛美不遠求蒙以真卿天祿校文叨太僕之下列忝臺執簡承

諭德之深知雖青史傳信實録已編於方冊
而豐碑勒銘表墓顒備於論撰謹憑吏部員
外郎盧僎所上行狀略陳萬一多恨闕遺其
辭曰
天命玄鳥降而生商湯孫之緒微子分疆詞
招正則尉翼文皇吏部黄門紛綸耿光忠賢
世出信史相望篤生丞相祚我有唐文明純
嘏毅烈堅剛恒衛間氣星辰降芒嶷然山立
鏗爾金鏘忠孝之感人倫紀綱垂髫能文夢
鳥發祥通昔究易冲齡擅場勝冠結綬歷政

洋洋乃尉合宫貳軺琅琅賦嗤梅鹽蕭美松
長蘇公嗟稱才必佐王淵嵗從調試言高驤
登聞黼扆驟列繡裳遵跡天官如珪如璋司
言鳳閣綸綍煌煌乃作中丞威稜莫當志除
兇狡廷効二張天后愕眙百寮震惶公獨凛
然出身激昂義形顔色精貫穹蒼皇室中興
嘉謀克彰功成牢讓事軼屠羊貳職選曹諫
議是匡載清流品屢奏封章乃侍瑣闈時維
夕郎悉心糺正廣績咸康三思睢盱席寵干
常惎之就第憖懼靡亢左曹攝轄大卤于襄

兼刺貝丘勿辭鴈行三思揖語公獨循墻處
之不怍轉旆于杭旣還鄴城遂尹洛陽乃作
冢宰訏謨廟堂俄兼宮相亟綰銀黃玄宗登
儲鎮國是遑潛謀廢立謠詠相翔厥男撓政
累奏愆殃聿臨楚邦荐察冀方總督幽薊翻
飛國庠亞相烈烈尹京趪趪旋臨建德歘蒞
南荒俚師咸蔵茅撓是攘張公頌德雋永甘
棠所忠來召拜命即裝路無交言帝用式臧
載司刑吏八座抑楊兼監黃樞鈞軸是將匪
躬謇謇終始洸洸乃拜儀同允釐保障河東

閼故汗洽如猰狂豎犯關兇渠既戕命公覆
獄咸脫死亡乃陟右揆右揆泱泱每謔王君
豈常矜莊懸車告老庶保康強方崇饋酳孤
映纖緗天不憖遺萎哲壞梁一人震悼九有
凄涼市既罷賈春仍絕糧乃贈太尉飾終禮
滂返葬沙河羽儀央央闔朝傾祖河尹護喪
生榮死哀行路感傷令人孺慕攀泣煌煌高
墳崔嵬鉅鹿劇旁森稍宰樹繚繞連岡千嗟
廣平宅此不睗孝孫翼翼論譔靡忘豐碑碣
豎萬古豈相

曆七年歲次壬子九月二十五日

孫儼追建

唐故太尉文貞宋公神道碑側記

初公任監察御史持服于沙河縣屬突厥寇
趙定州河朔兇懼邢州刺史黃文軌投鄭于
公公以父母之邦金革無避及賊至城下公
爲曉陳禍福其徒有素聞公威名者乃相率
而去之開元末安西都護趙含章冒于貨賄
多以金帛賂遺朝廷之士九品以上悉皆有
名其後節度范陽事方發覺有司具以上聞

玄宗切責名品將加黜削公一無所受乃進諫焉玄宗納之遂御花蕚樓一切釋放舉朝皆謝公衣冠儼然獨立不拜翌日入奏玄宗謂公曰古人以清白遺子孫乃卿一人而已公曰含章之賄偶不至臣門非不受也玄宗深加嘆之前碑闕焉故略述于此公第三子渾之爲中丞也方欲陳乞御制碑頌未果而中受譴謫旋羯胡作亂事竟不成真卿時忝監察殿中爲中丞屬吏故公孫儼泣請真卿論譔之昭義軍節度觀察使尚書左僕射兼

御史大夫平陽郡王薛公曰嵩以文武忠義
之姿爲國保障上慕公之德業歎尚無窮次
嘉儼之懇誠崇暨莫致迺命屯田郎中權邢
州刺史封演購他山之石曳以百牛僝刻守
之工成乎半歲磨礱既畢建立斯崇遠近嗟
稱古今榮觀雖大賢爲德對善庸限於存亡
而小子何如附驥托跡於階序眞卿剌潞州
之日因成文請儼刻其側而志之未及雕鐫
而第六子衡因謫居沙州叅佐戎幕河隴失
守介于吐蕃以功累拜工部郎中兼御史河

西節度行軍司馬與節度周鼎保守燉煌僅十餘歲遂有中丞常侍之拜恩命未達而吐蕃圍城兵盡矢窮爲賊所陷吐蕃素聞太尉名德曰唐天子我之舅也衙之父舅賢相也落魄於此豈可留乎遂贈以駝馬送還于朝大曆十二年十一月以二百騎盡室護歸士君子偉之乃古來所無也上欲特加超奬且命待之于側門十三年春三月吏部尚書顔真卿記

宋公神道碑獨完好惟碑側記缺八字

碑去官道二里餘世罕知者以故久不顯于世致君因謁墓下始得之且難舊史不載新書闕遺乃刻顏公體大書字畫别刻于石庶久其傳邢惟襄國舊都丘塚纍然類皆堙滅于無聞獨公之墓高不踰丈豐碑尚存豈特忠義足以垂名于不朽世亦以顏魯公之賢而此碑尤爲可貴也墓之東有碑（缺二字）之祖贈邢州刺史爲居民斧而剥之所謂側門是也自衙之後子孫無顯宦于唐今有

隸編戶者猶收公誥官置墓田俾耕以
守誥爲前政取去莫知所在大宋崇寧
二年七月一日編脩國朝會要所檢閲
文字范致君記
右唐宋文貞公碑并碑側記皆顔魯公
撰并書文貞墓在[redacted]之沙河縣碑久
埋没土中近予友方思道作縣出之重
樹於墓以搨本見示金石録謂碑與新
史不同者二事又謂碑側記載文貞逸
事甚詳而新舊史皆無之予家藏魯公

文集中有此碑因得比較以補石本之
缺但其文時有小異如集本云建一言
而天下倚平碑一言作一陽集本云曾
祖弘俊碑作弘峻集本云嘗夢大鳥啣
書吐公口中公吞之碑作大鳥銜書吐
公口中而咽之集本云欲優游自免碑
自免作鄉里集本云左右震竦碑左右
作天后集本云勑使馳救之碑救作赦
集本云與執法通同碑作與執政通問
集本云玄宗將幸西蜀碑作中宗將幸

西京集本云公盛氣詰之碑氣作色集
本云東宮有大功宗廟社稷主也安得
異議碑作春宮有大功主安得異議集
本云駕幸洛陽碑作駕達東都集本云
馳道險隘行不得前碑作馳道隘稽車
騎不得前集本云以臣免之碑臣字下
有言字集本云毋寵子愛碑作毋寵子
異集本云勅公按覆碑無勅字[redacted]集本
云置之座右碑之作諸集本云仲冬十
九日碑作十有九日集本云喪葬官供

碑喪葬作器葬集本云戊寅歲五月碑
無歲字集本云叨太僕之下烈碑烈作
列集本云義形言色碑言作顏集本云
既還鄴城碑還作還集本云汙洽流漿
碑流作如其不同者又如此此則趙氏
之所未及也

金薤琳琅卷第十六

金薤琳琅卷第十七

太僕少卿吳郡都　穆

唐達奚珣遊濟瀆記

唐濟瀆廟北海壇祭器物銘

唐姜源公劉廟碑

遊濟瀆記

吏部侍郎達奚珣文

監門衛兵曹參軍薛希昌書

軹縣南北數十里濟水出焉稽乎舊章可得

而道自河浮録甲帝命玄夷疏𤰝澮而正乾
綱鏈陵巒而通委輸所謂四瀆資我而成彼
貳水者或在幽僻遠而貌竒伊何足貴豈與
夫體清淳之氣據凾夏之中平地開源分空
正録表裏皆凈似若非深舟檝既加乃知無
底冲和自抱斯君子之量歟從此而東截河
通汶不以險阻[redacted]其勢不以清濁汨其流終
能獨運長波滔滔入海沉潛剛克斯君子之
量歟意者洞幽明貫天壤包荒萬類出入無
間形與化遊復歸於道不然何其異也雖金

火交作變通殊制而浮沉之事亦無捨旃國家南正司天北正司地以爲百神授職則陰陽無錯繆之災群望聿脩水土得平均之序欽若稽古道豈虛行閟宮有洫象設如在流目一望森森動人覺毛髮之間風飈四起然後以諸侯之禮禮而禩之至於下人日用蘋藻吉凶悔吝則以情言且神道無方豈存於此而物類相召或有憑焉廬溜潛通動植兹液高樹直上百尺無枝虛篁下清四時一色意隔人世空聞鳥聲陽浦先春草心方變危

岸猶冷苔生未穠紅晶落而天下陰青靄凝

而衆山暮留賞無厭歸情坐忘中途載懷歷

歷在眼庚記豪翰光昭厥美云

右遊濟瀆記唐吏部侍郎達奚珣譔兵

曹參軍薛希昌八分書濟瀆在今河南

濟源縣西三里歲癸酉仲冬予亦嘗獲

遊瀆有祠以祀大濟之神其殿北復有

北海神殿北海之前有池周七百步其

西一池周與之等而中通焉即濟水所

聚蓋其源自王屋山天壇之顛伏流百

里至此復見東南合流至温縣歷虢公臺入於河禹貢所謂導沇水東流爲濟是也東池俗傳間能出物以應人之求然率始於三月至四月望而止餘月則否盖春夏之交泉脉騰沸而濟尤勁疾物隨沸而上人或不取須史復沉予之遊也默禱於神願出物以彰靈異道士云隆寒水泉不動物不能上予笑曰豈有靈神而畏寒者乎爾姑爲我禱久之物竟不能出道士之言始信而世俗所

云皆誕妄也

唐濟瀆廟北海壇新置祭器沉幣雙舫雜物之銘并序

朝散大夫行河南府濟源縣令張洗字濯纓撰

有唐六業海内晏然偃革字缺二崇乎祀典封絃瀆爲清源公建祀於泉之初源也置瀆令一員祝史一人齋郎六人執魚鑰備灑掃其北海封爲廣澤王立壇附于水之濱矣天子以迎冬之日命我周内史奉祝文宿齋毳冕

七旒五章劍履玉珮爲之初獻縣尹加繡冕六旒三章劍履玉珮爲之亞獻邑丞玄冕加五旒無章亦劍履玉珮爲之終獻用三牲之享邦之大事先在祀乎濯纓不才謬領兹邑下車入廟每事皆問主者有云俎豆素闕弊難悉數其尤者有五北海望壇臨事壘土杇槾一歲而費數金爲勞之甚其弊一也二所祭器凡百有二十二事至時請於上寮轉轂入洛去來三百餘里仍以稅緡酬之積有歲時不知窮極其弊二也沉幣雙舫又以車取

池河渡口之舟往返之勞結絲之飾其弊三
也兩壇位席百領有餘戶至誅求爲擾非潔
其弊四也牀榻乃至七著用之類門到歛索
事終存亡太半其弊五也既革前弊輒爲之
銘銘曰
寤寐求思如神有知大風離披壞木於斯人
吏驚馳念茲悟茲前年夏及今年春大風壞楸榿數株因用此材而爲祭器兼沉幣之舫也爲余有意廟中無備沉幣雙舫二
壇祭器子來悅使所借皆遂觀者闐闐事無
闕焉刻之于石以待後賢是時也貞元十有

三年

右唐濟瀆北海壇器物銘濟源縣令張
洗撰歐陽公謂洗之所記乃開元時事
州縣祠廟置齋郎六人官不勝其濫又
謂史家不能詳載惟於碑刻見之按碑
作於貞元十三年歐陽公誤以貞元爲
開元且碑載廟有令一人祝史一人則
其官固不止於齋郎考之唐書百官志
五岳四瀆令各一人主掌祀事此外又
有祝史各三人齋郎各十三人則官之

濫又不止如歐陽公所書而史家亦未
嘗不詳載也但與碑有不同耳

唐姜嫄公劉新廟碑

太中大夫行中書舍人上輕車都
尉賜紫金魚袋高郢撰
節度巡官將仕郎試大理評事張
諠書

姜嫄者炎帝之後有邰氏之女姓姜字嫄帝
嚳之元妃后稷之母也公劉者后稷之曾孫
周文王之十代祖也姜嫄嘗出遊見巨跡而

履之載震載夙時維后稷以居然生子心所
不康初寘之隘巷再寘之平林三寘之寒氷
皆有以全度者旣而收之遂名之棄生有赫
靈之異長有躬稼之勤法施於人以濟粒食
堯乃命爲農師而封諸邰農師實后稷也古
初造物首出群理事必出之本言必天地之
際當虞舜之時稱禹平水土敷布五教稷播
百穀咎繇明五刑地平天成萬代永頼舜以
奮庸命禹禹讓于稷臯咎繇及以元后命禹
禹獨讓于咎繇曰朕德罔克人不依咎繇邁

種德德乃降黎人懷之茲大禹所以言天意
永命之所歸（缺一字）夏有天下載祀四百禹之
祚也商有天下載祀六百契之祚也周有天
下載祀八百后稷之祚也自時厥後百王澆
季而咎繇（缺一字）積累在天天祚永歸有所底
止乃以無疆之曆命我聖唐盛德大業與天
地准追視三代猶指掌矣昔者周（缺一字）文武
之烈本於后稷后稷之生本於姜嫄故詩曰
厥初生人時維姜嫄后稷之子曰不窋失官
而奔於戎狄不窋之孫曰公劉（缺二字）於豳居

以平西戎以篤前烈故詩曰篤公劉于邠斯館是知姜嫄有德 於周公劉有德於豳先賢所出立祠舊矣我國家稱秩元祀咸秩無文山川鬼神亦莫不寧而姜嫄公劉之廟舊制卑陋湫隘在市非所以崇明祀敬鬼神也貞元四年缺二字邠寧節度觀察使檢校刑部尚書兼御史大夫朗寧郡王張公獻甫戎醜是膺授鉞而至肅王命維公將之烈烈缺四字成之略地千里亭鄣嚴於外啓行一戰弓矢櫜於內卒乘畦而知禮風俗康而狎野覩此

二廟獨爲匪安公曰嘻精潔莫重於明神喧缺一字甚於市鄽柰何雜處乎夫小人者知鼓舞之事神而不知褻狎之慢神知事神之求祐而不知慢神之賈禍茂草一去遺塵萬祀缺一字而無知則已若曰有知而喧囂瀆易之俾中夫札瘥夭昏之患者得非長吏慈惠之不足耶乃以不忍人之心行不忍人之政且爲缺二字既而卜遷粤以貞元六年十一月九日作新廟於南郭焉地則郊野之閑左水右山有清謐之勝竹則榭遷之至上棟下宇非

徵斂之缺一字則農務之隳量功命日無妨奪之弊移嘉木而樹之考良辰而落之神於是嚴威而蠲乎所處人於是祗惕而遠乎所瀆是惠於人無過之地而寧神於不怒之境仁爲已任不亦厚乎夫神聰明正直者也唯忠肅恭懿乃能承之順此而祭不必多品故雖澗谿之毛汙[redacted]之水而君子率是四德陳於二簋行之以禮奉之以慤潔之以齋遠之以和則神可得而事焉祐可得而致焉夫子曰丘禱久矣抑爲尚書張公以文武之憲純一之良

知無不爲忠也正色帥下肅也執事有恪恭
也擇善而從懿也自先幽州大夫以來一門
四人缺三方繼踵勳績爲時心膂所資非他
忠肅恭懿而已用能承天之寵獲神之勞以
屛王室以揚家聲也宜哉祠成三歲矣而銘
記尚闕將恐霈遠失其所由乃陳梗槩爰此
刋刻辭曰
何賢乎姜嫄曰克生后稷何賢乎后稷曰克
降農殖后稷之道至今賴之姜嫄之德如何
勿思何賢乎公劉曰肇宅豳土何字缺一豳土

曰平戎之所乃令乃古有廟有宇宇亦既卑
廟亦既摧闒闠朝合䦵塵暮開蚩蚩群眖胥
胥徘徊瀆禮非敬犯神有災朗寧戾止理化
咸集財豐衆和暴禁兵戢惟此墻屋公私必
葺矧伊明祠風雨所及是度是築乃遷乃立
奉我皇德達于有神揚神之威靜乎厲塵亦
惟正直克贊忠純勒銘兹庭永示邑人

節度判官殿中侍御史韋丹建立處士

張琯篆額

右唐姜嫄公劉新廟碑中書舍人高郢

撰試大理評事張誼行書廟在今邠州城南唐邠寧節度觀察使張獻甫所遷故當時稱曰新廟而高郢爲文予昔以尚書郎出使寧夏道邠謁廟其後稍上有履迹平爾雅大野曰平俗作坪非乃姜嫄履巨人迹所在予爲大書履迹平三字俾州官刻寘廟側蓋州人但知有廟而少知乎此故表而出之

唐伯虎叔齊二公碑并序

安定梁昇卿篆文及書

二公諱伯夷叔齊昔有殷時遼東孤竹君之
子也自歷載所記有國以來事之善者莫先
於讓是故君老於位命立叔齊齊固辭以請
伯伯固請以不嗣遂相與義退遯逃西周當
是時也帝殷不臧用錯天紀人棄莫保以戴
于周周武王秉白髦杖黄鉞經綸所以撥亂
威略所以[redacted]罰雷震萬國風行六師二公于
時推忠臣之誠明死君之節伏車而諫慷慨
瀝血且夫大運不以背曠達節不以義距黜
首焉得以厭毒鬼神焉得以無主於是討罪

于商爲天下王二公以立志貞也檢身操也建侯戡難不可以闕也以臣伐君不可以訓也相於國莫非其土異於事不食其粟乃西上首陽之山歌采薇而死盖天下義感之始也及孔子生東周之季演中興法游夏之徒皆誨納於教未嘗叙仁人烈士不先于二公者焉謂不辱其身不降其志矣若乃紛綸茂德載在策府則太伯之道子臧之仁也上思附義退曰能賢則宋穆之言延陵之行也道無不貫志不苟合則許由之尚伯成之高也

慮必中清廢能中權則虞仲之居夷佚之放也聲垂事載功存業廣則范蠡之去魯連之辭也此數公者至於黜榮保讓亦爲盛矣兼之固君臣之分以愛其節則曷可以同議也所謂繼之者忠矣杖之者義矣施之者誠矣用之者確矣昭矣至矣蹉跌矣上古無以加百代爲之憲越大梁歲行于是邦遇縣宰太原王公惠工訓農勸學敬教群業頓以緊賴四方咨於作則邑臨末周人悅有化以爲二公廟德不祀實甚懼焉復何以圖不朽示來

者而已遂因簡力考餘時經始是資敦崇舊
規厥構棘翼自公尸之然則表前載楊懿烈
使駿光熊熊彰紀事也以吾學乎舊史氏請
騭其文固不佞乃作銘曰
大道混混或險夷兮般實荒德莫業于主人
神疑兮帝用克商大運期兮天下争利而獨
犇義貞名垂兮神農虞夏氏已没曷所惟兮
斵石千秋聞風規兮黄鉞不降志
開元十有三年惟一月既望刋立衛鶴
趙禮范譙刊

金薤琳琅卷第十七

# 金薤琳琅卷第十八

太僕少卿、吳郡都　穆

孔子廟堂碑

破邪論序

孔子廟堂碑

太子中舍人行著作郎臣虞世南

奉勑撰并書

司徒并州牧太子左千（字闕）一率兼

檢校安北大都護相王旦書碑額

微臣屬書東觀預聞前史若乃知幾其神惟

睿作聖玄妙之境希夷不測然則三五迭興
典墳斯著神闕一字　聖跡可得言焉自肇立書
契初分爻象委裘垂拱之風華夏翦闕五字質
文殊致進讓罕同靡不拜洛觀河膺符受命
名居域中之大手握天下之圖象雷電闕二字
威刑法陽春而流惠澤然後化漸八方令行
四海未有偃息鄉闕六字　預帝王之録遠跡闕一
字　史之儔而德侔覆載明兼日月道藝微而
復顯禮樂弛而更張窮理盡性光前絶後垂
範百王遺風於萬代猗歟偉歟君斯之盛者

夫子膺字闕二之精鍾千年之聖固天縱以挺
質稟生德而降靈載誕空桑自標河海之狀
纔勝逢掖克秀堯禹之姿知微知章可久可
大為而不宰合天道於無言感而遂通顯至
仁於藏用祖述先聖憲章往哲夫其道也固
以孕育陶均包含造化豈直席卷八代并吞
九丘而巳哉雖亞聖鄰幾之智仰之而彌遠
亡吳霸越之辯談之而不及于時天歷浸微
地維將絶周室大壞魯道日衰永歎時艱實
思濡足遂適降跡中都俯臨司寇道超三代

止乎季孟之間蓋論五伯終從大夫之後固
知棲遑弗已志在於求仁危遜從時義存於
拯溺方且重反淳風一匡末運是以載贄以
適諸侯懷寶而遊列國玄覽不極應物如響
辯飛龜於石函驗集隼於金櫝觸冊既曉專
車能對識罔象之在川明商羊之興雨知來
藏往一以貫之但否泰有期達人所以知命
卷舒惟道明哲所以周身牖里幽憂方顯姬
文之德夏臺羈紲弗累商王之武陳蔡為幸
斯之謂歟於是自衛反魯刪書定樂贊易道

以測精微修春秋以正褒貶故能使紫微降
光丹書表瑞濟濟焉洋洋焉充宇宙而洽幽
明動風雲而潤江海斯皆紀乎竹素懸諸日
月既而仁獸非時鳴鳥弗至哲人云逝峻嶽
巳隤尚使泗水却流波瀾不息魯堂餘響絲
竹猶傳非夫體道窮神至靈知化其孰能與
於此乎自時厥後遺芳無絶法被區中道濟
天下及金册斯誤王弩載驚孔教巳焚秦宗
亦墜漢之元始永言前烈褒成爰建用光祀
典魏之黄初式遵故訓宗聖疏爵允輯舊章

金行水德亦存斯義而晦明匪一屯亨遞有筐筥蘋蘩與時升降靈宇虛廟隨道廢興炎精失御蜂飛蝟起羽檄交馳經籍道息屋壁無藏書之所階基絕函丈之容五禮六樂翦焉煨燼重弘至教允屬聖期大唐運膺九五基超七百赫矣王猷蒸哉景命鴻名盛烈無得稱焉皇帝欽明睿哲參天兩地廼聖廼神允文允武經綸云始時惟龍戰爰整戎衣用扶興闕一字神謀不測妙筭無遺弘濟艱難平壹區宇納蒼生於仁壽致君道於堯舜職兼

三相位總六戎玄珪秉石之尊朱户渠門之
錫禮優往代事踰恒典於是在三聰命闕四字
充隆帝道丕承鴻業明王鏡以式九圍帝蘿
圖而御六辯寅奉上玄肅恭清廟宵衣旰食
視膳之禮無方一日萬機問安之誠彌篤孝
治要道於斯為大故能使地平天成風淳俗
厚日月所照無思不服憬闕一字獯戎為患自
古周道再興獯得中算漢圖方遠纔聞下冊
徒勤六月之戰侵軼無厭空盡貳師之兵憑
凌滋甚皇威所被犂輿聽納空山盡漠歸命

闕庭充仞藁街填委外廄開闢已來未之有
也靈臺偃伯玉關虛候江海無波烽燧息警
非煙浮漢榮光莫河楛矢東歸白環西入猶
且兢懷（闕二字）馭朽納隍卑宮菲食輕徭薄賦
斵琱反樸抵璧藏金革舄垂風綈衣表化歷
選列辟旁求遂古克己思治曾何等級於是
耽屬聖謨凝心大道以為括羽成器必在膠
雍道德潤身皆資學校矧廼入升妙義析理
微言厲以四科明其七教懿德高風垂[illegible]斯
遠而棟宇弗修宗祧莫嗣用紆聽覽爰發絲

綸武德九年十二月廿九日有詔立隋故紹
聖侯孔嗣哲子德倫為褒聖侯乃命經營惟
新舊趾萬雉斯建百堵皆興揆日占星式規
大壯鳳甍騫其特起龍桷儼以臨空霞入綺
寮日暉丹檻窅窅崇邃悠悠虛白（闕二字）寫狀
妙絶人功象設已陳肅焉如在握文履度優
見儀形鳳跱龍蹲猶臨咫尺莞爾微笑若聽
武城之絃怡然動色似聞簫韶之響襜襜盛
服既覩仲由侃侃禮容仍觀衛旨不疾而速
神其何遠至於仲春令序時和景淑皎絜璧

池圓流若鏡青蕊槐市總翠成帷清滌玄酒
致敬於茲日合武釋菜無絶於終古皇上以
幾覽餘暇遍該羣籍乃製金鏡述一篇永垂
鑒戒極聖人之用心弘大訓之微旨妙道天
文煥乎畢備副君膺上嗣之尊體元良之德
降情儒術遊心經藝楚詩盛於六義沛易明
於九師多士伏膺名儒接武四海之内靡然
成俗懷經鼓篋攝齊趨奥並鏡雲披俱餐泉
涌素絲既染白玉已彫資覆簣以成山導涓
流而為海大矣哉然後知達學之為貴而弘

道之由人也國子祭酒楊　師道等偃玄風於
聖世闡至道於先師仰彼　高山願宣盛德昔
者楚國先賢尚傳風範荆　州文學猶鐫歌頌
况帝京赤縣之中天街黄　道之側聿興壯觀
用崇明祀宣文教於六學　闡皇風於千載安
可不賛述徽猷被之雕篆　乃抗表陳奏請勒
貞碑爰命庸虛式揚茂實　敢陳舞詠迺作銘
云
景緯垂象川岳成形挺生　聖德寔稟英靈神
凝氣秀月角珠庭探賾索　隱窮幾洞冥述作

爰備丘墳咸紀表正十倫章明四始繫纘羲
易書因魯史懿此素王遐焉高軌三川削弱
六國從衡鶉首兵利龍文鼎輕天垂伏鼇海
躍長鯨解黻去佩書燼儒坑纂堯中葉追尊
大聖乃建褒成膺茲顯命當塗創業亦崇師
敬胙土錫圭禮容斯盛有晉崩離維傾柱折
禮亡學廢風頹雅缺戎夏交馳星分地裂蘋
藻莫奠山河已絶隨風不競龜玉淪亡樽俎
弗習干戈載揚露霑闕里麥秀鄒鄉修文繼
絶期之會昌大唐撫運率繇王道赫赫玄功

茫茫天造奄有神器光臨大寶比蹤連陸追
風炎昊於鑠元后膺圖撥亂天地合德人神
攸賛麟鳳為寶光華在旦繼聖崇儒載修輪
奐義堂弘敞經肆紆縈重欒霧宿洞戶風清
雲開春牖日隱南榮鏗瓲鐘律蠲潔齋明容
範既備德音無斁肅肅升堂兟兟讓席獵纓
訪道橫經請益帝德儒風夫宣金石
推誠奉義翊戴功臣永興軍節度管内
觀察處置等使特進檢校太師兼中書
令行京兆尹上柱國瑯邪郡開國公食

金薤卷十八　七一

邑四千五百户食實封一千三百户王
彦超再建　安祚刻字
右唐孔子廟堂碑虞世南撰并正書在
今陝西西安府學乃宋王彦超翻本字
之缺者凡一百七十有九寺家藏舊榻
唐刻因參校以足其文嘗記在京師時
見世南真迹謂以此文石本進呈太宗
特賜王羲之黄銀印一顆則世南之書
貴重於當時者固已如此但世之人不
見真迹故鮮有知是説者

# 破邪論序

太子中書舍人吳郡虞世南撰并書

若夫神妙無方非籌筭能測至理凝（闕一字）一豈繩准所知寔乃常道無言有著斯絶安可憑諸天縱窺其窅冥者乎至如五門六度之源半字一乘之教九流百氏之目三洞四檢之文苟可以經緯闡其圖詎可以心力到其境者英猷茂實代有人焉法師俗姓陳頴川人晉司空群之後自梁及陳世傳纓冕爰祖廼

伯累業儒宗法師少學三論名聞朝野長該
衆典聲振殊俗威儀肅穆介節淹通留連清
翰發擿微隱比地方春用顯仁之量如愚若
訥外闇内明之巧固能智同測海道亞彌天
豈止操類山濤神侔庾亮而已尒其文情乃
典而不野麗而有則猶八音之並奏等五色
以相宣道行則納正見於三空拯群生於八
苦既學博而心下亦守卑而調高實釋種之
梁棟生人之羽儀者矣加以賑乏扶危先人
後已重風光之拂照林牖愛山水之負帶煙

霞願力是融晦迹肥遁以隋開皇之末隱於
青溪山之鬼谷洞焉迴構巖崖字闕一虧日月
空飛户牖則吐納風雲其閒採五芝而偃仰
遊八禪而寢息餌松术於溪澗披薜荔於山
阿皆合掌歸依摩頂問道經行恬靜十有餘
年然其疊嶂危岑長松巨壑野老之所栖盤
古賢之所遊踐莫不身至目覩攀穴指歸仍
撰青溪山記一卷見行於世太史令傅奕學
業膚淺識慮非長乃穿鑿短篇憑陵正覺將
恐震兹布鼓竊比雷門中庸之人頗成阻惑

法師愍彼後昆又撰破邪論一卷雖知虞衛
同奏表異者九成蠅驥並驅見奇者千里終
須朱紫各色清濁分流訶以凡測聖之釁責
以俗校真之咎引文證理非道則儒曲致深
情指的周客莫不轍亂旗靡瓦解氷銷入室
有操吊之圖厥角無容頭之地於是傳寫不
窮流布長世若披雲而見日同迷蹤而得道
法師著述之性速而且理凡厥勒成多所遺
逸今散採所得詩賦碑誌讚頌箴誡記傳啓
論及三教系譜釋老宗源等合成三十餘卷

法師與僕情斅淡水義等金蘭錐服制異儀
而風期是篤輙以藤綆聯彼珪璋編為次第
其詞云爾

右破邪論序唐虞世南撰并小楷書世
南之筆惟孔子廟堂碑行世此文雖歐
陽公趙明誠皆未之見而予乃得見之
豈非幸哉破邪論今載釋氏藏經其說
不暇深究若世南書則予之所嗜好故
録之

金薤琳琅卷第十八

# 金薤琳琅卷第十九

太僕少卿吳郡都　穆

邠國公功德銘并序

右神策軍護軍中尉副使兼右街功德副使雲麾將軍右監門衛將軍員外置同正員上柱國弘農郡開國侯食邑一千五百戶楊承和譔并書

天竺有聖人焉名之爲佛三身牙相應化無所從來百億同名不知其誰之子德包塵界

道冠萬靈有感必通酬念如響心掾惠炬永燭於大千手運慈航泛流於沙劫晦明不二淨穢兩同正智如如我無所得雖後天地而有質（闕一字）天地而（闕一字）形莫不究清濁之未然識方圓之始卒大矣哉若非天下之至精孰能如此夫大德小德優劣本同賢人聖人取捨各異乃引衆星之表月立萬象以尊天因喻發揚渫茲外飾有言子貢賢於仲尼者不知仲尼之聖加（闕一字）子貢有言阿難相同諸佛者不知諸佛非相以攝阿難見尺晏之

至微知大鵬之至廣覩秋豪之至短知大椿之至長擬於物即尺晏秋豪擬於人即阿難子貢雖然近如來之門戶識夫子之墻瑚璉寶瓶異諸凡器金楹玉棟闕字一是常材故佛之侍從者即迦毗令人拘郲貴族皆辯揺金刹名振鐵圍駈六賊如衆鳥之避鷹鸇懾四魔若百獸之畏豺武而性海無底惠峰穿霄善入一乘横通三輩被精進所縛不捨用心嘗修之於身去住未决或執如或斷如是故生已之法隨滅滅已之法隨生常生之所

不生常滅之所不滅能銓二義其唯覺乎覺不自明方明覺也夫有生滅者是覺之用無生滅者是覺之體即知覺逐滅生生隨覺滅生滅俱寂其覺亦亡乃指素月於澄溪袪外緣於見性解出人表堪為代師儔諸法王則吾豈敢何者孔子登東山而小魯登泰山而小天下今亦然也如來觀溺山而小聲聞觀枕山而小菩薩我佛也同彼虛空不染於幻強立真假曾未牢固是故說行而無所說行說而無所行非行非不行非說非不說非法

非非法非性非非性本不生無所滅元不覺
無所寂於一不一中悟諸未悟者於起不起
中導諸未道者大矣哉若非天下之至神又
孰能如彼而夜景呈輝化行西土神光啓夢
象教東來思王毫而闕一字扼鷲峰仰金偈而
虔瞻具葉身已逝矣空傳結集之書性本存
焉如聞在代之説且法以辯志言以辯心非
法無以悟其心非言無以成其志即言説文
字皆解脱相有是經處即見如來今有右街
功德使驃騎大將軍行右武衛上將軍知內

侍省事上柱國郕國公食邑三千户充右神策軍護軍中尉安定梁公曰守謙職是禁營邦家重器居繁不亂兼總緇黄讀佛言親釋氏其貞元中公以温惠為甲胄清慎為戈矛跡尚形闈名高紫闥至元和初授銀璋佐密命鼓翼高岫躍鱗洪波飛鳴近天得志江海五年加金紫掌樞機渙汗流心散為膏雨如綵入耳開展成綸捧白日以揚光戴青天而翼化處事之極動而可觀至十二年遇蔡人逆戎事興天討未平干戈在野天心恐師老

矣而誅翦未就乃命公撫衆觀敵審度遲速
乃奉辭伐罪踴躍而行走四牡以宣暢鴻休
利萬物以車塵相屬參整戎事董護諸軍與
將師同其進也一其議也或縱六奇之辯即
濤生巨浦雲出深谿或察五間之情即趙搭
穿楊楚金伐木若有神助不謀成心我旗既
張我車亦列均勞逸而義夫爭死齊賞罰而
奮臂爭馳蓄銳候時果申長策於是選精卒
張詭道雜旌旃而不嚴部伍差進退而曲敵
之心實為鋒鋩詐餌武口賊果輕襲利吾大

軍遂使晝掩沙河葛伯之賊夜遯合流宵渡邵陵之寇全平駭若奔雷勢同激電似霜霑寒草風卷餘花縱烈火於平蕪走飛泉於大壑摧枯易折墜瓦難全滅蔡之功十有其七餘賊保迴曲官軍圍郾城我鼓音方厲武旅方雄操利柄而目無全牛執其吭如薊豢悦口摩壘問罪登陴不降梯樓滿空矢石相接經四十日爟火失繼人無鬬心畏夏日之赫光懼春氷之易泮乃降仍邀公疋馬視師撫納疑懼公恱以犯難投誠若歸遂令啓開按

轡而入醜類或鼓或罷相視失色公曰來余
與爾言爾本吉人也何不徇國家之急成其
名而託身於武豹之穴求其噬輿尸覆族誰
與咎耶皇情極念之故令守謙布澤潤心宣
化清耳能悦生避禍者當聽之曰明明天子
清問下人不能勤王爾失遠略為寇盜所制
而臣節難全犯弧矢之威當剿絶之甕圓首
方足莫匪精靈念其瘡疣實可憫惻然違予
戮汝而不赦恭命活汝而無害能遷其不祥
而為祥吉莫大也變其不幸而為幸令莫窮

也賊將卒等色轉慙禮逾謹字闕一曰皇上聖
文紹統神武膺期惟德動天無遠不格被堯
舜之法服行堯舜之法言所以大文教而九
有小康小武功而天下大理嘗欲戢矛楯親
稼穡使人居安各得其壽爾一方不能安時
虛順守衛中國而罪𠋫自結厲階彌崇即不
得已而興師非樂殺人也况天德好生容長
萬物是以曲開洗汙旁設自新招示湏夫以
明廣大將士等久遭苛暴翻跡令圖亦謂朽
燼重燃枯條再葉國刑當宥咸賜無辜谿爾

憂心以承慶賞降人皆投戈卷斾匣刃弛弦
觸地血流向闕蹈舞於是五千叛卒不戮一
人十萬王師皆服其德從此鯨鯢失浪烹餁
方因惡鳥巢傾折翼於此恩波大澍封錫有
差乃授公右監門衛將軍飛詔追還密職如
故又掌天地之戶牖捧造化之關揵勳隨日
厚望逐時深公之美也不滅直以沽名不惑
義以犯物動靜無隱發言有章至十三年天
睠凝嗟賞重知勞不自伐功不自德遂與戎
印授兵符司禁旅之右也公積仁成器積器

成名甲牧難踰高光可仰定止足之分動必
師心辯榮辱之機道樞不撓薄嗜慾以守一
鄙浮華而處中匡護玄流酌之不竭伏以元
和長慶釋教大興雅叶所歸轉得親近謹於
大興唐寺花嚴院為國寫古今翻譯大小乘
經論戒律合五千三百廿七卷公私祿利不
入其門凡是難得無所愛惜嘗求善書者令
絶外塵不飲茹浴身至于精剎焚香而就筆
硯擇其力多者以多價酬之少者去之人不
約而自勸也於是滐素流光含丹縱彩雲生

墨沼之上花開方綮之中衛索分鏕王羊並騖各行軌轍跡不相讓又立經堂一所三間徘徊安住法輪必資豐敞作制惟永壯我皇都豈得為工者不極其妙為材者不極其美殊形異狀生於斤斧之中曲直方圓豈逃繩墨之下於是彩楝霞張雕楹雲布朱扉洞啓縹壁含光羽族棲於綺窻鱗介遊於藻井脩羅率下争提夭蟜之梁藥叉命徒競戴岌峩之拱衆靈翼衛諸天護持恍惚莫辯其形來往不留其跡又於堂内造轉輪經藏一所刻

石為雲鑿地而出方生結搆迎字闕二緣立無數花幢竊比兜率造百千樓閣同彼化城狀物類本擬容奪真鶴鵲若飛而不飛虹螭似走而不走欒櫨櫛比雜之以琳琅欀桷騈羅飾之以珠琴凌空五級方開四門璀錯相輝煥麗交映離婁覘之炫目公輸闚之竒字闕二歳古人多有懟色不知來者孰能繼歟於是方表含輪虚中不滞群經之府所好必從遊藝者任其卷舒杖德者恣其探討或超諸垢穢蓮花隨手而開敷或等彼清凉甘露應心

而滴瀝乘之所妙者不論其小大法之所尚
者闕二字　其淺深譬諸江河所汲隨淺從流自
得不礙踈數其外或圖寫龍神鬼物之狀以
為嚴飾或造菩薩天仙之類周匝其旁白壁
成容玉睟高視黃英作相金口如言設無體
之禮實不倿於屈伸獻無聲之樂終不煩於
音律五色闕二字　亂其目八風無以吹其心守
靜樸以自持執堅中而不磷或虔恭默如或
侍坐儼如又於堂北別立鏡燈未燄揚輝紅
光滿室常生縱巧有符丁緩之奇蘭膏自芳

不假海人之贍幸斯破暗永繼其明於是群
藝畢象工歸八龍字闕一軒四王護闔雨霑香
砌何塵垢之蒙潤風搖寶鐸流美響之不已
公頓首奏曰臣聞法象莫大乎天地變通莫
大乎四時所以萬物生中不擇於覆載榮枯
美惡必備於寒暑雖古先哲王弘天若德豈
同聖代則而行之伏惟長慶文武孝德皇帝
陛下英冠四維氣含八極齊日月之至耀光
燭無窮等天地之至仁寰瀛授賜坐超湯禹
立並羲軒駈嶽瀆之精靈馳道德之車馬有

典有則無怠無荒法上玄以生成體陰陽以
御物動合靈契事膺神符永綏兆人克顯休
命臣猥承委擢如荷丘山蕭艾空竊於春陽
螻蟻每慙於雲雨修特字闕二允奉穹蒼上黷
冕旒伏增驚越臣亦知螢光助於兩曜畎澮
宗于四溟實不足以添輝亦不足以濟廣然
纖美見容知大明之及遠涓流必納識渤澥
之弘深臣早悟多藏勇於施捨聞斯必舉所
作成集誓嚴持字闕一既上續於恩光啓導法
涯求資於德澤帝曰俞卿以檀波羅福保于

朕躬朕以官惟其人任卿勿貳實千載之一會何魚水之見稱想卿逢時弘道多慶公荷寵之極涕零如雨又奏曰如來奥旨必藉開張若不言宣何以廣福臣請得無染沙門貞實等二七人御斯信馬駕彼白牛直出四闢掃諸五翳偕持正念調伏其心為國傳經乃至無筭陛下得佛祕印行宸上乗於多刼中為人父母遂令釋子遵有漏法傳無盡燈滋寶雨而潤及四海（闕一字）香雲而蔭乎千界（闕一）天之下罔不蒙益受益之利上集一人伏

願寶曆天齊金輪嶽固永居億兆之上克承
無疆之休帝悅依奏公曰克樹有為期於不
朽略須題述以告將來遂命戎副右監門衛
將軍楊承和文而書之辭曰小子蓬蓽劣人
跡度卑淺無當時應用之效有僻陋至愚之
累靈波曲潤幸得充之幾歷星歲繆廁下風
聞可道之言觀可行之行書紳不暇何以褒
稱至如走光塵侯嘉命愚人不敢拒君使陳
葺闕一字具德美愚人不敢當公不聽又辭曰
抑短羽齊九皐之響殊不驚人使弊足追萬

里之跡，豈宜及遠。雖沖霄有路，且力小未遂，況逐日無功，而敢煩羈靮。公又不聽，是以磨鉛赴鐔，俎之割策，鈍當天衢之駟，流汗如沃，愧顔若丹，輒盡野辭，書于琬琰。銘曰：

香山之東，雪山之北，善勝道場，迦維之國。飯王聖子，有大威德，菩薩伏膺，龍天仰則。總彼十名，高談四諦，能拔一毛，普現一切。阿僧秪劫，瞬目所睇，微塵剎土，凝心所計。無說非默，有說非語，汲引未終，豈厭寒暑。八正齊列，三乘未舉，惆悵逝多，歲不我與。舉足下足，群魔

愁謗歸歟歸歟彼迷忘㥘曇忽折摩尼驟喪
海會無言靈山多曠猗歟大雄情靈藩翰上
下四維吾道一貫藏諸不理顯諸不亂託跡
光周遺宗炳漢操之即存捨之即亡如來寶
印付囑我唐必正墜典克續頹綱法雨一潤
佛日重光真諦所歸域中之大無為所及宇
宙之外幽宗默識玄機暗會千劫飛輪萬方
永賴既崇其化邠國欽承乂積吉行發言相
𦢊意馬早繫心猿不升出彼夢宅如上崗陵
不捨有相無相所依不離有作無作所歸梵

舟得濟到岸應稀達人是是塵人非非雲赴
壽山澤歸福海層峰永固波瀾不改衆善斯
立舒光耀彩樹彼勝因憑弊茲爽塏順生攝生
從俗出俗因機立化賢愚共欲精廬大敞材
力豐足購地字闕一金開堦累玉大匠誨人必
先規矩大字闕一垂美亦先棟宇墨請操繩般
求執斧樸斲未已師者如堵千仞之桂良工
所度十圍之松備于制作鈿鎪土木海物交
錯藻井舒蓮含芳吐蕚裝嚴寶藏水陸窮珍
瓌姿競麗華璨爭新馳光耀谷浮彩榮濱既

美且良悉得其真寶樹成行寶堦上聳善安
不拔善高不恐欄楯曲周簷楹接擁蓋若天
垂花如地涌實以方外四門不扃虛以圓内
萬法有經金石絲竹風來可聽玉釜旃檀日
照彌磬鏡開八面燈傳一光夜（闕一字）素魄晝
朒紅芒齊明隱顯等鑒行藏膏平潤久心直
燃長忍鎧常穿四魔不脅智劒常拔三灾不
怯何以奉佛剎郍散業何以奉國演日成劫

長慶二年十二月一日立

右唐邠國公功德銘右神策軍護軍中

尉楊承和譔并[redacted]書邠國公者内侍梁守謙也攷之唐史宦者守謙無傳惟憲宗十五年書帝暴崩於太極殿中尉梁守謙王守澄等共立太子殺吐突承璀及澧王惲而韓文公平淮西碑亦載守謙在帝左右嘗命之往撫蔡師夫守謙以一宦者而爵至上公此可見憲宗之信任小人宜其晚節不終卒死宦者之手然則予之録此蓋將為天下後世之戒而非徒取其文字也

金薤琳琅卷第十九

金薤卷十九　三

# 金薤琳琅卷第二十

大僕少卿吳郡都　穆

唐顏魯公小字麻姑壇記

唐顏少保碑

唐撫州南城縣麻姑山仙壇記

麻姑者葛稚川神仙傳云王遠字方平欲東之括蒼山過吳蔡經家教其尸解如蛇蟬也經去十餘年忽還語家言七月七日王君當來過到期日方平乘羽車駕五龍各異色旌旗導從威儀赫奕如大將也既至坐須臾引

見經父兄因遣人與麻姑相聞亦莫知麻姑是何神也言王方平敬報久不行民間今來在此想麻姑能蹔來有頃信還但聞其語不見所使人曰麻姑再拜不見忽已五百餘年尊卑有序脩敬無階思念久煩信承在彼登山顛倒而先被記當按行蓬萊今便蹔往如是便還還即親觀願不即去如此兩時間麻姑來來時不先聞人馬聲既至從官當半於方平也麻姑至蔡經亦舉家見之是好女子年十八九許頂中作髻餘髮垂之至腰其衣

有文章而非錦綺光彩耀目不可名字皆世
所無有也得見方平方平為起立坐定各進
行厨金盤玉杯無限美膳多是諸華而香氣
達於内外擗麟脯行之麻姑自言接侍以來
見東海三為桑田向聞蓬萊水乃淺於往者
會時略半也豈將復還為陸陵乎方平笑曰
聖人皆言海中行復揚塵也麻姑欲見蔡經
母及婦經弟婦新産數十日麻姑望見之已
知曰噫且止勿前即求少許米便以擲之墮
地即成丹砂方平笑曰姑故年少吾不不喜

復作此曹狡獪變化也麻姑手似鳥爪蔡經心中念言背痒時得此爪以杷背乃佳也方平已知經心中所言即使人牽經鞭之曰麻姑者神人汝何忽謂其爪可以杷背邪見鞭着經背亦不見有人持鞭者方平告經曰吾鞭不可妄得也大曆三年真卿刺撫州按圖經南城縣有麻姑山頂有古壇相傳云麻姑於此得道壇東南有池中有紅蓮近忽變碧今又白矣池北一壇傍有杉松松皆偃盖時聞步虛鐘磬之音東南有瀑布漂下三百餘

尺東北有石崇觀高石中猶有螺蚌殼或以
為桑田所變西北有麻源謝靈運詩題入華
子崗是麻源第三谷恐其處也源口有神祈
雨輙應開元中道士鄧紫陽於此習道蒙召
入大同殿修功德二十七年忽見虎駕龍車
二人執節於庭中顧謂其友竹務猷曰此迎
我也可為吾奏願欲歸葬本山仍請立廟於
壇側玄宗從之天寶五載投龍於瀑布石池
中有黃龍見玄宗感焉乃命增修仙宇真儀
侍從雲鶴之類於戲自麻姑發迹於茲嶺南

真遺壇於龜原花姑表異於井山今女道士黎瓊仙年八十而容色益少曾妙行夢瓊仙而飡花絕粒紫陽姪男曰德成繼修香水弟子譚仙巖法籙尊嚴而史玄洞左通玄鄒鬱華皆清虛服道非天地氣殊異江山炳靈則曷由纂懿流光若斯之盛者矣真卿幸承餘烈敢刻金石而志之時則六年夏四月也

右唐小字麻姑壇記顏真卿譔并書在今江西南城縣之麻姑山歐陽公謂或者疑其非真而復以為筆畫有法非魯

公不能書也趙明誠謂陳無已嘗見黄魯直言此乃慶曆中一學佛者所書魯直能道其名及觀陸放翁云魯公麻姑壇記有大小二本盖用羊叔子峴山故事通志金石略載魯公書亦有小字麻姑壇記則歐陽公之疑與魯直之言又似不足信元柳待制道傳云麻姑壇碑小字楷法尤精緊比聞舊石焚毁山中雖重刻無復當時筆意則亦以小字為顔書但謂石已不存非也吳文正公云

麻姑碑在吾鄉舊爲雷所破重刻至再

字體浸失其真則被焚者乃臨川大字

本而南城之石至今固無恙也

唐故通議大夫行薛王友柱國贈祕

書少監國子祭酒太子少保顔君廟

碑銘并序

第七子光禄大夫行吏部尚書充

禮儀使上柱國魯郡開國公真卿

撰并書

集賢學士李陽冰篆額

昔孔悝有夷鼎之銘陸機有祠堂之頌皆所
以發揮祖德敷演家聲故君子之觀其銘也
既美其所稱又美其所爲無而稱之是誣也
有而不述豈仁乎論而譔之敢不祗懼君諱
惟貞字叔堅其先出于顓頊之孫祝融融孫
安爲曹姓其裔邪邾武公名夷甫字顔子友
别封郳爲小邾子遂以顔爲氏多仕魯爲卿
大夫孔門達者七十二人顔氏有八戰國有
率躅秦有芝貞漢有異肆安樂其後喪亂譜
諜淪亡魏有裴盛盛字叔基青徐二州刺史

關内侯始自魯曾居于琅邪臨沂孝悌里生廣
陵太守給事中葛繹貞子諱欽字公君精韓
詩禮易尚書學者宗之生汝陰太守護軍襲
葛繹子諱默字静伯生晉侍中右光禄大夫
西平靖侯諱含字弘都隨元帝過江巳下七
葉葬在上元幕府山西生侍中光禄勲西平
定侯諱髦字君道事具孝行傳生州西曹騎
都尉西平侯諱綝字文和生宣城太守御史
中丞諱靖之字茂宗生巴陵太守度支校尉
諱騰之字弘道善草隸書有風格梁武帝草

書評云顔騰之賀道力並便尺牘少行於代
生輔國江夏王叅軍諱炳之字叔豹以能書
稱生齊待書御史兼中丞諱見遠字見遠和
帝被弑一慟而絶梁武深恨之事見梁周北
齊書生梁鎮西記室叅軍諱協字子和感家
門事義不求聞達元帝著懐舊持以傷之撰
晋仙傳五篇日月災異圖兩卷文集廿卷見
梁書生北齊給事黄門侍郎待詔文林館平
原太守隋東宫學士諱之推字介著家訓廿
篇寃魂志三卷證俗音字五卷文集卅卷事

具本傳黄門兄之儀周御正御史中大夫麟
趾學士隋文輔政不署矯詔索璽又拒之出
為集州刺史新野公後朝朔望引至御榻曰
見危授命臨大節而不可奪古人所重何以
加卿事具周書弟之善隋業令子孫見于後
黄門生皇秦王記室諱思魯愍楚遊秦小記
室字孔歸君之曾祖也隋司經校書東宫學
士率子弟奉迎義旗於長春宫招瓜州拜儀
同愽學善屬文自為父集序國史稱温大雅
在隋與思魯同事東宫彦愽與愍楚同直内

史省彦博將與遊秦同典校秘閣二家兄弟
各為一時人物之選少時學業顏氏為優其
後職位温氏為盛温氏譜亦載焉生勤禮字
敬君之祖也幼而朗悟識量弘遠工於篆籀
尤精詁訓解褐校書郎與兩兄弟師古相時
同時為弘文崇賢學士弟育德又於司經校
定經史當代榮之太宗嘗令師古讚崇賢學
士以兄弟特命蕭鈞讚之曰依仁服義懷文
守一履道自居下帷終日德彰素里行成蘭
室鶴籥馳譽龍樓委質著作即修國史夔府

長史贈虢州刺史生昭甫敬仲殆庶無恤火
連務滋辟強昭甫字周卿君之父也幼而穎
悟尤明詁訓工篆籀草隷書與内弟殷仲容
齊名而勁利過之特爲伯父師古所賞重每
有註述必令參定嘗得古鼎廿餘字舉朝莫
識盡令讀之高宗侍讀曹王屬贈華州刺史
眞卿表謝肅宗批荅卿之乃祖當爲碩儒旣
高倚相之能遂有臧孫之後不墜其業在卿
之門生我伯父諱元孫泉君伯父聰穎絶倫
尤工文翰舉進士考功郎劉奇特標榜之由

是名動海内累遷太子舍人玄宗監國專掌
令畫嘗和遊苑詩批云孔門稱哲宋室聞賢
翰墨玄捷莫之與先歷滁沂濠三州刺史贈
秘書監君仁孝友悌少孤育舅殷仲容氏蒙
教筆法家貧無紙筆與兄以黄土埽壁木石
畫而習之故特以草隷擅名天授元年糊名
考校判入高等以親累授衢州參軍與盈川
令楊炯信安尉桓彦範相得甚歡又選授洛
州温縣丞昌二尉每選皆判入高科侍郎蘇
味道以所試示介衆曰選人中乃有如此書

判嗟歎久之墜代允為長安尉太子文學以
清白五爲察訪使魏奉古等所薦王邸初開
盛選僚屬拜薛王友柱國伯姊御史大夫張
知泰妻魯郡夫人亡將葬數家占君不宜臨
壙君哭而拒之曰豈有忌手足之痛牽拘忌
而忍自絕乎弗從其年秋七月才生明遘疾
而殁教義者隱而傷焉與會稽賀知章陳郡
殷踐猷吳郡陸象先上谷寇泚河南源光裕
博陵崔璩友善事具陸據所撰神道碑累贈
秘書少監國子祭酒太子少保真卿表謝肅

宗批荅云卿之先人德行優著學精百氏藝
絶六書頻擢甲科屢升循政曳踞王府名右
鄒枚載筆春宫道高徐沈既而壽乖華髮器
紆青雲業載史臣慶傳令子追存盛美褒贈
崇班且旌善於義方俾揚名於有後濠州生
春卿杲卿曜卿旭卿茂曾春卿工詞翰倜儻
有吏材蘇頲舉茂才偃師丞杲卿文理清峻
所居有聲太常居攝常山太守禄山反擒其
心手開土門拜衛尉卿兼中丞城陷杲卿叱
詈之遂被鉤舌支解而終贈太子太保謚曰

忠節真卿表謝肅宗批答云自羯胡猖狂入
我河縣所在官吏多受迫脅卿兄以人臣大
節獨制横流或俘其謀主或斬其元惡當以
殺兵懸絶身陷賊庭旁若無人歷數其罪手
足寄於鋒刃忠義形於顏色古所未有朕甚
嘉之矅卿工詩善草隸十五以文學直崇文
館淄州司馬旭卿善草書胤山令茂曾好屬
文詁訓仁厚絶衆捷為司馬君生闕疑允南
喬卿真長幼輿真卿允臧闕疑仁孝有吏能
精詩傳善剖判杭州參軍允南仁孝有清識

工詩人多誦其佳句善草隸與春卿杲卿曜
卿同日於銓庭為侍郎席建侯所賞達奚珣
薦為左補闕真卿時為殿中正至三拱法座
蹈舞而衣袂相接者三故允南賦詩云誰言
百人會兄弟也露陪歷殿中膳部司封郎中
司業金鄉男喬卿仁和有吏幹富平尉真長
清直早世幼輿方雅有醖藉通班漢左清道
兵曹真卿早孤蒙伯父允南親自教誨舉進
士歷校書制舉醴泉尉陟清白長安尉三院
御史四為大夫六為尚書再為採訪節度充

禮儀使光祿大夫魯郡公允藏敦質孝悌有
吏能制舉延昌令監察充朔方衣資使殿中
三為侍御史中允江陵少尹荆南行軍濠州
及君孫泉明佐父開土門彭州司馬威明邛
州司馬季明子幹沛詡頗誕及外孫博野尉
沈盈盧逖並為逆胡所害各蒙贈五品京官
濬好屬文翹華正頲慈明都水使者頗好五
言校書頵仁孝方正明經大理司直嶺南營
田判官執喪九日不食頵河陽尉顗鳳翔參
軍頗工小楷洗馬頎恭仁奉禮郎並早喪逝

紘方義主簿泉明覬並没欒龔明微明德明
未仕通明獲嘉尉將明昌明尉克明崇文明
經衛密標榜之翮有德行文詞華原主簿準
溧水尉覿頗工文襄陽尉覬有文行弘文進
士顥仁友清白常熟令封金鄉男潁清介勤
學侍郎蔣洌賞其判京兆兵曹龔金鄉男岫
仁純常熟主簿任城男傾浚儀尉頌清源尉
頂幹辦揚府法曹願長厚清白朝邑尉顲左
率倉曹碩祕書正字頫有吏幹歙州録事參
軍曲阜男頎好為詩富陽尉顒好為文常州

參軍並粗有所立君之諸祖諸父群從揚庭
順並侍讀強學益期並學士中和至誠敬仲
大智温之澂之澹之擢挺援撰温泳陵並明
經康成強學希莊日損隱朝鄰幾知微舒説
順勝式宣韶並進士制舉有意中和趨庭希
莊至刺史利仁明天文欣期元淑景靈並校
書光庭注後漢書嘉賓千里昇庠斥朝怡滔
運允濟擢逸靚不器防有文詞博古少連恭
敏惇學行敬仲温之以孝聞潤有風義晃鏻
邈迢以清白稱其餘咸著官族不獲悉數洪

惟累祖之耿光丕業有君子泉弘都之德行
巴陵記望之書翰特進黄門之文章祕監華
州之學識肇自魯國格于聖代紛綸盛美遂
舉集于君君能述遵前人不敢失墜其事以
忝聿修宜其克饗尊榮爲清廟不祧之主真
卿幸承遺訓叨受國恩既荷無疆之休敢揚
不朽之烈銘曰
系我宗邾顔公子封郳魯附庸亞孔聖洛沂
風刺青徐給事中護營栁渡江楓侍兄疾感
虵童鄰火斷珥貂重施七葉傳孝恭武騎都

尉司從便尺牘繼魚蟲慟君難憤而終咨施室游湘東嗟禦正凜移忠衆黄門擅文雄三韶長事東宮四穆叔史牢籠褒華州詁訓通小秘監盛名鴻維少保文翰工莅纖赤五褒崇登望苑友桂叢三超贈保儲躬流光盛廟貌融永不祧垂無窮

建中元年歲次庚申秋七月癸亥朔鐫畢八月己未真卿蒙恩遷太子少師冬十月壬子男頵封沂水縣男碩新泰縣男姪男項[illegible]縣男頌費縣男頎郯縣男

微軀官階勳爵並至二品子姪八人受
封無功無能叨竊至此子孫敬之哉

金薤琳琅卷第二十終